Y字路はなぜ生まれるのか？

重永瞬

晶文社

東京都豊島区 富士見坂・日無坂

良いY字路には猫がいる。
右に曲がるか左に曲がるか。あの子に聞いて考えよう。

東京都渋谷区 麗郷

渋谷の足取りは速い。
道を聞いても、答えてくれるかな。

東京都品川区 三ツ又地蔵尊

関東の商店街にはあまりアーケードがない。
三ツ又の地蔵は、日差しを浴びながら
通りゆく人びとを見守っている。

兵庫県西宮市　栄徳大神

関西の商店街にはアーケードがよく見られる。
その角に、隠れるようにお稲荷さんが鎮座する。

東京都豊島区　雑司ヶ谷鬼子母神

鬼子母神の参道にはケヤキが並ぶ。
整然と並んだ大木は、いわば天然のアーケードだ。

大阪市西区　松島新地

もはや小さな森である。
角地から湧き出す緑は、とどまるところを知らない。

東京都荒川区 七面坂

左の坂道は七面坂。
右の道の先にある階段は「夕やけだんだん」と呼ばれている。
高低差に名前がついてるのって、なんだか嬉しい。

京都市北区 大宮中林町

この暗渠はなんて川？
このお地蔵さんはなんて名前？
わからないけれど、ともかくいい風景だ。

大阪市天王寺区　西天下茶屋商店街

商店街のなかのY字路。
どちらに曲がるか悩ましい。おや、角に良さげなお店が……

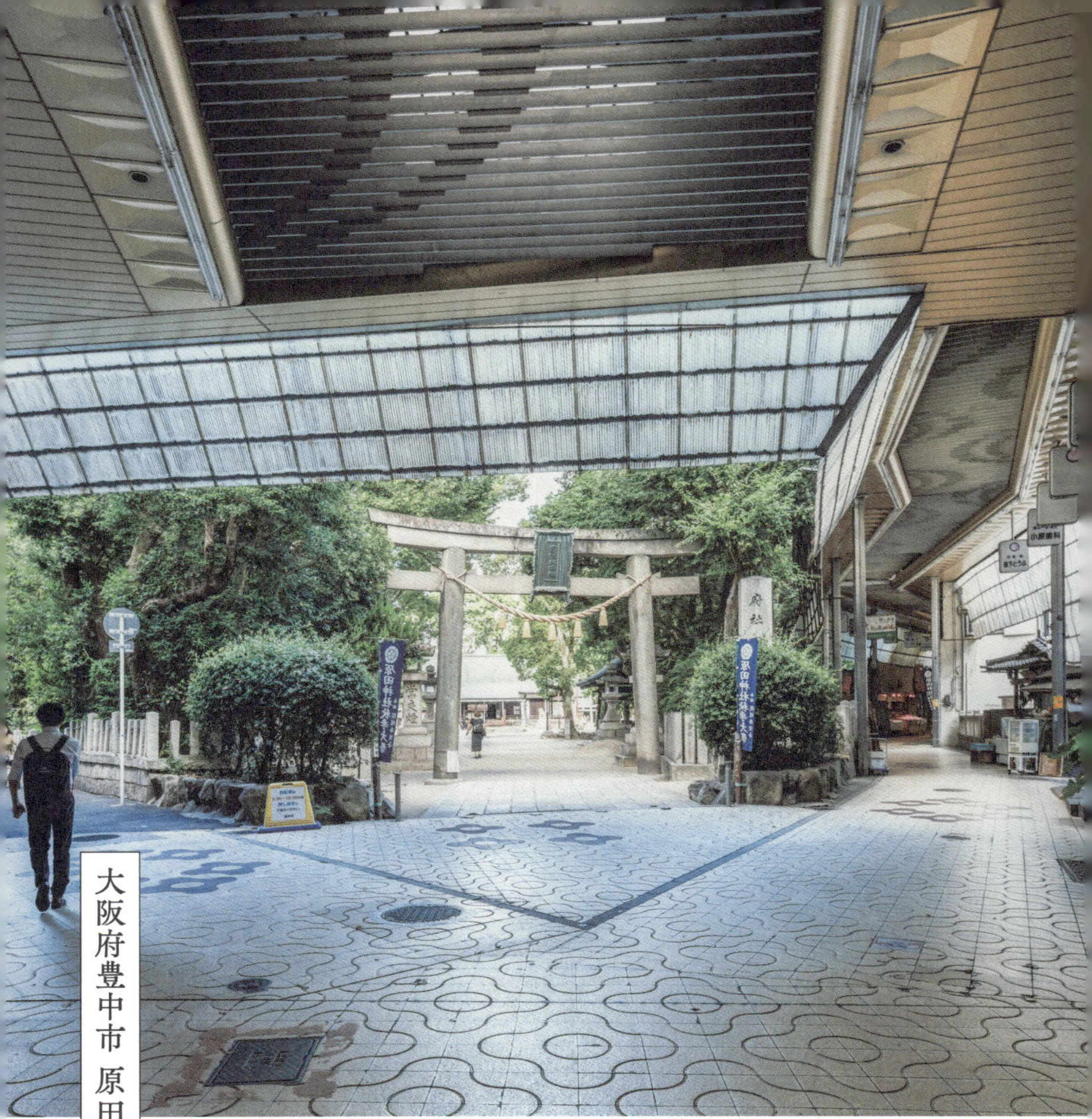

大阪府豊中市 原田神社

右でも左でもなく、
真ん中を進むという手もある。
困ったときは神頼み。

東京都新宿区　大久保駅南口

夜のＹ字路。
赤ちょうちんにつられて角の中へ。
焼き鳥でもつまみながら、ちょっと一杯。

大阪市北区 茶屋町

夜のＹ字路。ＹのなかにはＭがある。
一息ついて、あともう一仕事。

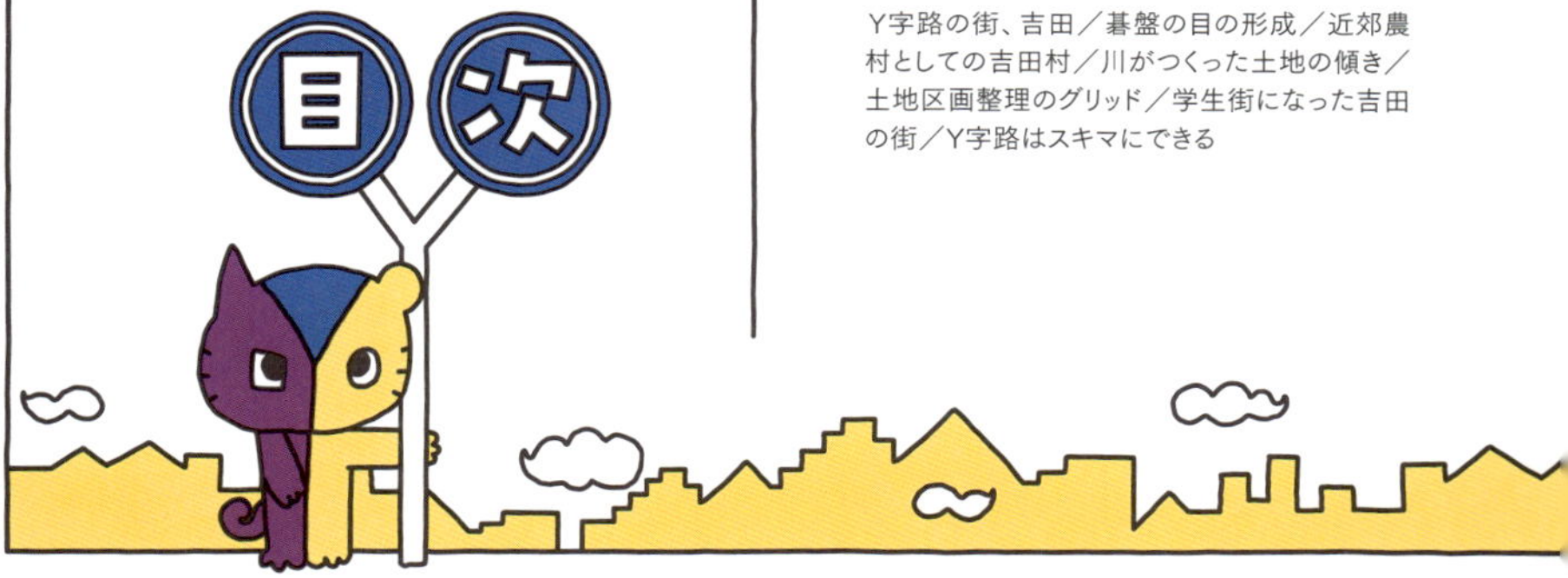
目
次

装丁・デザイン　吉池康二

はじめに

まち歩きが好きな人であれば、言葉にするのは難しいけれど「なんかいいな」と思う風景があると思います。私にとってのそれは、「Y字路」です。言ってしまえば道がただ鋭角に分かれているだけなのですが、どこか目を離しがたい魅力があります。

道が鋭角に分かれていると、その角は建物としては使いづらくなります。すると、そこに余白が生まれます。「残余地」などと呼ばれるこの余白には、さまざまな「都市の漂流物」が堆積します。建物を建てるにしても、一般的な四角の土地とは異なる、三角形ならではの使われ方がなされています。それが、他にはない独特の景観を生み出します。街路の角度という極めてシンプルな要素が、私たちのまち歩きの経験に抑揚を与えているのです。

巻頭に載せた12枚の写真は、私がこれまでに訪れた無数のY字路の中から選んだ、とっておきのY字路です。あなたはどのY字路が一番好きですか？

そんなことを聞かれても困る、という人もいるかもしれません。Y字路に好きも嫌いもないよ、と。そんな人でも、この本を読めば、少なくともどれかひとつは好みのY字路が見つかると思います。

詳しくは第五章で話しますが、私はあることをきっかけにY字路の魅力に取りつかれ、Y字路を見れば必ず写真を撮るようになりました。現在は「まいまい京都／まいまい東京」というまち歩き団体で、Y字路に関するガイドツアーもやっています。

私は、京都大学で地理学を学ぶ大学院生です。特に関心があるのは、古地図や景観を頼りにしながら地域の変遷をたどる、歴史地理学と呼ばれる分野です。本書でも、たくさんの地図や写真を使いながら、Y字路のおもしろさを語っていきます。

もっとも、歴史地理学の本として書いたわけではありません。その語り口は学問的なお作法からはまったく外れたものです。これを持って街に出かけられるような、そんな気軽な本として読んでいただければ幸いです。

ジロー　8歳

下町生まれの謎の生き物
好きなY字路は〝両下がり型〟
いいY字路に出会うと
どちらに曲がるか15分は悩む
この本のガイドをつとめます

第一章　Y字路へのいざない

東京都新宿区 須賀町

Y字路とは？

Y字路とは何だろうか。最も簡単な定義は「Yのかたちをした交差点」だ。図1で言えば、①が最も典型的なY字路となる。これを純粋Y字路と呼ぼう。ただ、事はそう単純ではない。試しに、インスタグラムで「#Y字路」とタグをつけて投稿される写真を見てみると、本当の意味でY字型をした道はそう多くない。「ト」のかたちをした分岐路（②）や「X」型の交差点（③）もY字路と見なされているのだ。ある交差点が「Y字路らしさ」をまとう条件は、いくつか考えられる。まず挙げられるのは、「鋭角」であることだ。「ト」字路や「X」字路は、鋭角という点で広義のY字路と言える。

「鋭角」以外にも、Y字路の条件はいくつか考えられそうだ。ひとつは「三叉路」、すなわち3本の道が交わっていること。4本以上の道が交わっている場合、鋭角であってもY字路度は下がる。

もうひとつは、角地の建物が「アイストップ」になっていること。つまり、中央の道の突きあたりに建物があること。「ト」の字の交差点は純粋Y字路にきわめて近いが、片方の道が直線的になっているという点で少しY字路らしさは弱まる。

鋭角・三叉路・アイストップ、この3つがY字路の条件と言えるだろう。純粋Y字路は3つの条件をすべて満たす。「ト」型や「X」型は鋭角という条件しか満たしていないが、「Y字路っぽさ」はある。

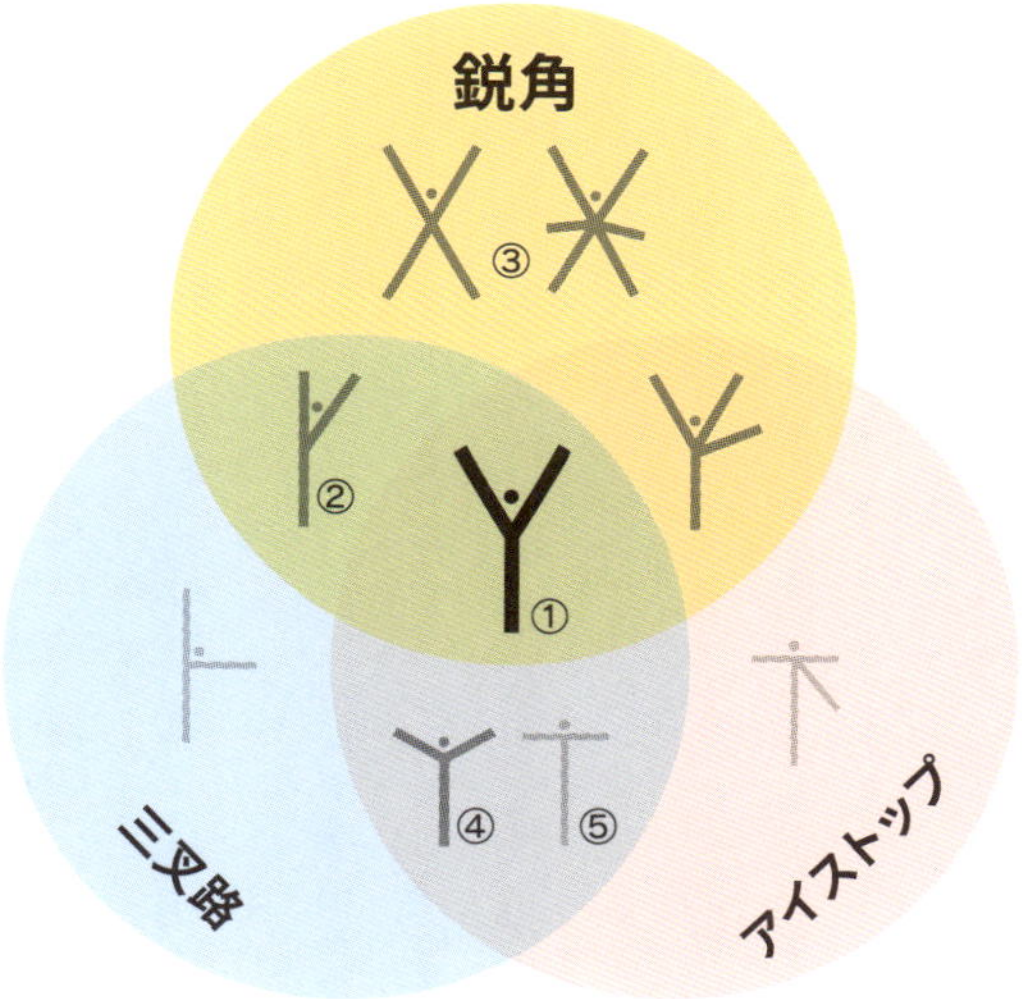

図1：Y字路の定義。色が濃いほどY字路度が高い。
とりあえず、鋭角な交差点はすべて広義のY字路という認識でよい。

これらは「準Y字路」とでも呼べるだろう。

難しいのは、三叉路かつアイストップを持つような交差点である。T字路(⑤)はY字路ではないように思うが、④のような交差点は直角・鈍角であってもY字路に見える。恣意的な判断になってしまうが、これらも準Y字路としたい。

のっけから細かな定義の話をしてしまった。本書は厳密な議論を目指すものではないので、この定義は忘れていただいて構わない。

Y字路鑑賞の3つの視点

まち歩きには、「**路上の目**」と「**地図の目**」という2つの視点がある。路上からの目線では、よりミクロな空間のディティールが掴めるし、地図を使った空からの目線では、よりマクロな全体の構造を掴むことができる。

まず、第二章では「路上の目」からY字路の分析をする。Y字路を愛好する人の多くは、「路上の目」でY字路を愛でているようだ。目の前にのびる2つの道と、角地をいろどる個性豊かなオブジェクト。それがY字路の魅力だ。石碑や自動販売機、ポスト、電話ボックスなど、Y字路の角にはさまざまなモノが置かれている。

Y字路を写真に撮ると、自然と2点透視図法のような構図になる。右に行くか、左に行くか。**分かれ道は想像をかきたてる**。Y字路が人生における選択のメタファーとして用いられてきたのも、路上から見たときのその印象深さがあってのものだろう。

一方、Y字路は「地図の目」で見てもおもしろい。「Y字路はなぜ生まれるのか」は、現場に立つよりも、むしろ地図を使ったほうがよく理解できる。地形の起伏であったり、新しい道の開通であったり、Y字路はさまざまな事情から生み出される。道路網のなかでそのY字路がどんな位置にあるかを見ることで、そこにY字路が生まれざるを得なかった理由が見えてくる。第三章では、地図を使いながらY字路の形成過程を分類する。

「角地に何があるか」や「どう形成されたか」は、Y字路の物理的な景観としての側面である。だが、それだけではY字路は語れない。Y字路はただそこにあるだけでなく、人びとによって経験される。第4章では、絵画や音楽などの作品から、人びとが抱く「Y字路のイメージ」を読み解いていく。これを「**表象の目**」としよう。

本書では、路上・地図・表象という3つの視点からY字路を分析する。これらの視点は、単にY字路を見るだけのものではない。その先にある、都市と人の関係をも見ようとするものである。

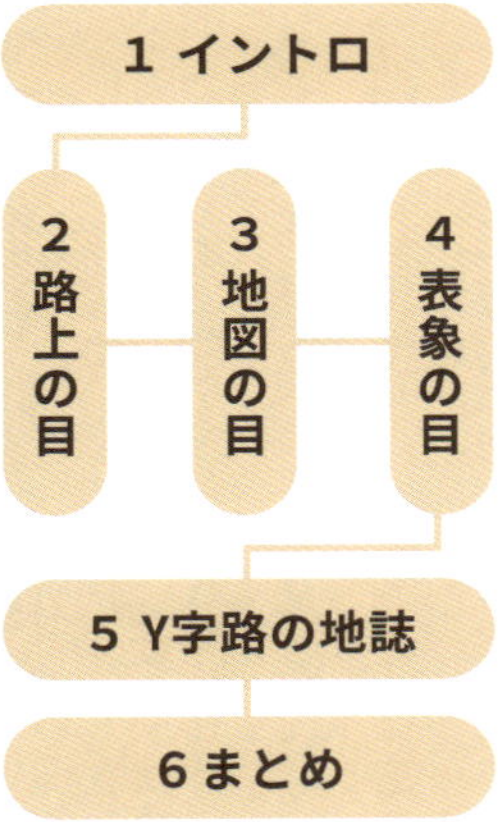

図2：本書の構成

Y字路ができるプロセスは、都市全体の形成過程と深く関わっている。第五章では、京都の吉田、東京の渋谷、そして宮崎という3つの地域を事例として、Y字路と都市空間の連関を探る。路上・地図・表象という個別の視点だけでは捉えきれない空間の歴史を掘り起こす、いわば「**Y字路の地誌**」である。

路上観察と地形散歩

路上にある「モノ」を鑑賞する趣味は、「路上観察」と呼ばれてきた。前衛美術家・赤瀬川原平らによって設立された路上観察学会は、「トマソン（＝不動産に付属する無用になったオブジェクト）」に代表される路上の美を見出し、その後のまち歩き趣味に大きな影響を与えた。

最近では、路上にあるもの以外も含めた「都市鑑賞」という呼び方も提唱されている。団地、給水塔、片手袋、路上園芸、装飾テント、街角狸など、**今やあらゆるものが鑑賞の対象**となっている。本書は、そこに「Y字路」というささやかな一項目を付け加えようとするものである。

「路上の目」を刷新したのが路上観察とすれば、「地図の目」において革命的だったのが、「地形」への着目である。２００３年に発足した東京スリバチ学会や、思想家・中沢新一による『アースダイバー』（２００５年）などによって東京を中心に火が付いた「地形散歩」は、いまやすっかり定着した。

２００８年にはじまったテレビ番組「ブラタモリ」は、地形散歩を全国区にした立役者である。ブラタモリでは、坂道や暗渠など、街角の何気ない風景がよく取り上げられた。一見地味な場所にも、まち全体の成り立ちの秘密が隠されている。それはＹ字路も同じだ。

合理的な都市計画からすれば、使いづらい鋭角な敷地はできるだけなくしたい。だから直角ではない交差点は、都市計画の「妥協」が凝縮された場所でもある。それはすなわち、Y字路にその都市の「人間味」が現れるということである。Y字路を鑑賞することは、全体としての都市を鑑賞することでもあるのだ。なお、本書ではもっぱら都市部のY字路を扱う。なぜなら、より効率的な土地利用が求められる都市部だからこそ、一見すると非合理的なY字路の存在が際立つからだ。農村部のY字路もおもしろいのだが、本書の議論ではいったん脇に置きたい。

「スリバチ」や「高低差」は、たしかにY字路をつくり出す一因である。しかし、それだけではない。Y字路は平地にも生まれうる。「凸凹」だけではない街のおもしろさを、Y字路から見出したい。

図3：赤瀬川原平、藤森照信、南伸坊編『路上観察学入門』筑摩書房、1993年（原著1986年）／図4：皆川典久『凹凸を楽しむ東京「スリバチ」地形散歩』（洋泉社、2012年）

Y字路趣味の先達

Y字路鑑賞を趣味とする人は、私以外にもたくさんいる。そのなかでも最も著名なのは、芸術家の横尾忠則であろう。詳しくは第四章で述べるが、横尾氏は2000年からY字路をモチーフとした作品を描きはじめ、その作品群は画集にもまとめられている。横尾氏の成果もあり、Y字路が鑑賞対象に足りうるという点については、ある程度世間の理解も得られているのではないかと思う。

数年前には、Y字路に関する書籍も出版された。栖来ひかり『時をかける台湾Y字路』(ヘウレーカ、2019年)は、Y字路を入口として台湾の街角に刻まれた記憶を掘り起こす好著だ。栖来氏は台北在住の作家で、先述の著作も元は『在台灣尋找Y字路』として台湾で出版されたものである。

栖来氏は、太台本屋/tai-tai booksという台湾専門の版権エージェントが主催したトークイベントで、Y字路をチョコレートケーキにたとえて説明している。スポンジとクリームが層をなす三角のケーキのように、台湾のY字路には、オランダ統治時代、日本統治時代、戦後の国民党政権と各時代の層が顔をのぞかせている。Y字路を知るとは、その層を剝がしていく作業なのだという。

Y字路の愛好家はいくらか見つかる一方で、学術的な研究となると皆無に等しい。数少ない例外は、島野翔「都市内のY字路角地に見られる土地利用と景観形態——渋谷区を事例に」(『駒澤大学大学院地理学研究』第35巻、53－68ページ、2007年）という論文である。

駒沢大学の卒業論文を元にしたこの研究では、渋谷区にある205のY字路について、角地の形態や土地利用が分析されている。形成要因の分類（図6）や地価（路線価）に着目したY字路のモデル化も試みられており、本書を書くうえでも大いに参考にさせていただいた。島野氏の研究については、本文のなかで追々紹介していきたい。

図5：栖来ひかり『時をかける台湾Y字路――記憶のワンダーランドへようこそ』（ヘウレーカ、2019年）

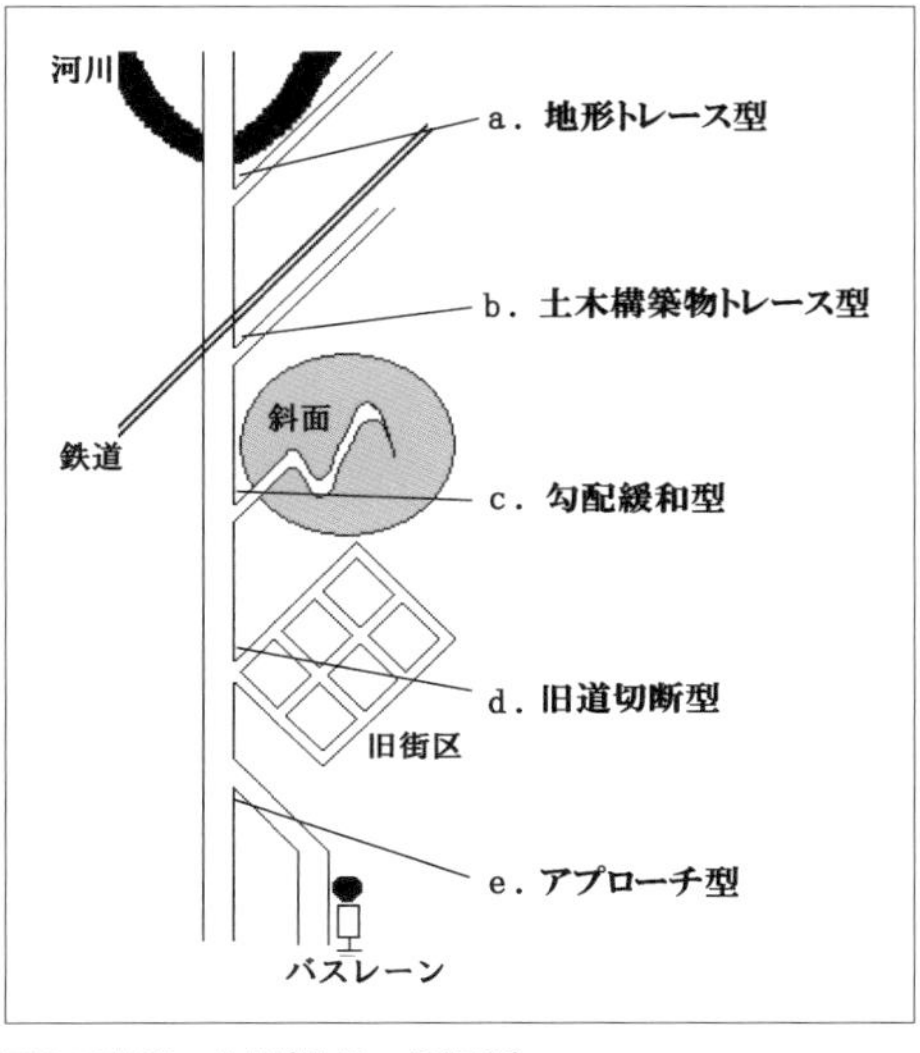

図6：Y字路の分類（提供＝島野翔）

Y字路探しのツール

「はじめに」では「魅力に取りつかれ」などと書いてしまったが、実は私もすべてのY字路をおもしろいと思っているわけではない。見つけたときは資料として一応写真は撮るが、心を動かされるようなY字路に出会うことはそう多くない。

したがって、Y字路はわざわざ探すほどのものではない、と考えている。さほど珍しいものではないし、見つけたからといってそれがおもしろいY字路とも限らない。歩いているときに偶然見つけて楽しむ、くらいがちょうどよいと思う。しかし、Y字路を探したいという酔狂な人も一部にはいるかと思うので、探究者のためにいくつかのコツとツールをお伝えしておこう。

Y字路を見つけやすいのは、**起伏が激しい場所、新旧の道が混在しているエリア、河川（跡）や線路（跡）の近く**などである。これは、第三章で紹介するY字路形成過程を考えればわかりやすい。Y字路が多い場所は町並みも変化に富んでいることが多いので、無目的に歩いていても楽しい。

また、路上観察ライターの三土たつお氏が開発した「道路色分け地図」もオススメだ。このサービスを使えば、道路をそれがのびる方角ごとに塗り分けることができる。詳しい説明は、①の記事にあるので参照いただきたい。色分けした地図を鑑賞しながら語る会（②）には、筆者も参加させていただいた。

併せて読むことで、〝非〟直交街路網がどのような場所にできるかがわかるだろう。

おもしろいY字路を見つけたときには、ぜひGoogleストリートビューの「タイムマシン」機能で過去の様子も確認してみてほしい。角に置かれているモノが変わっていたり、そもそも建物自体が建て替わっていたりと、絶えず変化するY字路の姿をとらえることができる。

さて、前置きはこのくらいにして、いよいよ本編へ入っていこう。

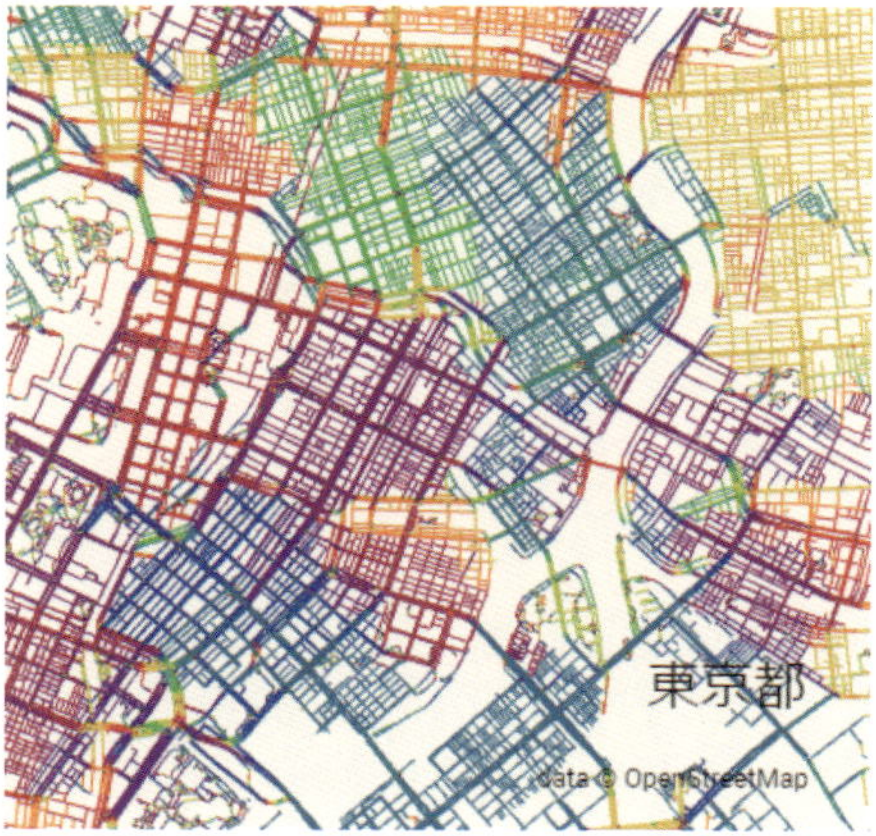

図7：道路色分け地図（https://road.tiny-app.net/）
作成＝三土たつお

［参考記事］
City Roads（https://road.tiny-app.net/）
①「道路を方角ごとに塗り分けると、その街のでき方がわかる」デイリーポータルZ、2020年8月13日（https://dailyportalz.jp/kiji/douro-hougaku-machi-no-dekikata）
②「道路を方角ごとに色分けした地図を鑑賞する会」デイリーポータルZ、2020年10月8日（https://dailyportalz.jp/kiji/douro-irowake-chizu-kansho）

コラム 1

Y字路が生まれるとき

Y字路はどのようにして生まれるのだろうか。原初的な道であるけもの道は山野に行かないと見れないが、都市でもY字路の発生は観察することができる。

写真上は、京都市にある京都御苑のなかの砂利道である。ここの砂利道は自転車では通りづらいため、人びとはできる限り前の人が通ったのと同じルートを通ろうとする。その結果、砂利のなかに轍ができる。京都御苑は広いため、この轍はところどころで分岐し、思い思いの目的地に向かって伸びていく。Y字路の形成である。

はじめにできる轍は一本だが、一本では正面からも自転車が来たときにぶつかってしまう。その際、どちらか片方が道を譲ることになる。この微妙なズレが蓄積されると、轍は蛇行し、あるいは分岐する。こうした人々のささいなふるまいがY字路を生むのである。

もう一つの例を紹介しよう。写真下は、京都市内にあるとある神社の雪景色である。雪によって、人びとの動線が可視化されている。右の道よりも、左の道のほうが多くの人が歩いていることがわかる。

おもしろいのは、ここはもともと二つの道が直角に交わるT字路だったのが、足跡によってできた道は鋭角なY字路になっていることだ。人びとが最短経路をたどろうとすると、自然とその軌跡は鋭角になる。人の足取りは鋭角なのである。

〈上〉京都御苑の轍、京都市上京区。「御所の細道」とも呼ばれる
〈下〉北野天満宮の雪道、京都市上京区。雪解けとともにY字路は消える

大阪府守口市 かどさん

第二章　Y字路の容貌——路上の目

1　Y字路の角には何がある？

Y字路に対峙したとき何よりもまず目を引くのは、その角である。角こそがそのY字路の顔であり、印象を決める。三角地ならではの土地利用が、Y字路の魅力である。

ここで、Y字路の角を構成する要素を簡単に説明しておこう（図1）。Y字路は、道路部分と敷地部分に分けられる。そして敷地部分は、建築物とそれ以外に分けられる。この「それ以外」のスペースは、「残余地」と呼ばれたりする。

Y字路に限らず、角地においては「隅切り」がなされていることが多い。隅切りとは角地の一部を切り取って道路にすることを指し、見通しの確保や車両の通行を目的に行なわれる。隅切りはいくつかの法律や条例で規定されているが、今回は制度面はさておき、外観のみを問うことにしたい。

制度上の隅切りは敷地に対してなされるものであり、「底辺が2m以上」や「斜辺が2m以上」など、さまざまな条件が付けられている。一方、それとは別に、角に建つ建築物も隅切りのような処置がなされていることがある。建物はあまり尖らせても使い勝手が悪いからだ。こうした「建物の隅切り」の結果、角に面した壁面＝角壁面と、残余地が生まれる。そして、残余地には自販機や植木鉢などさまざまなオブジェクト＝角オブジェが置かれる。ひとまず、角にまつわる用語を以上のように定義しておきたい。

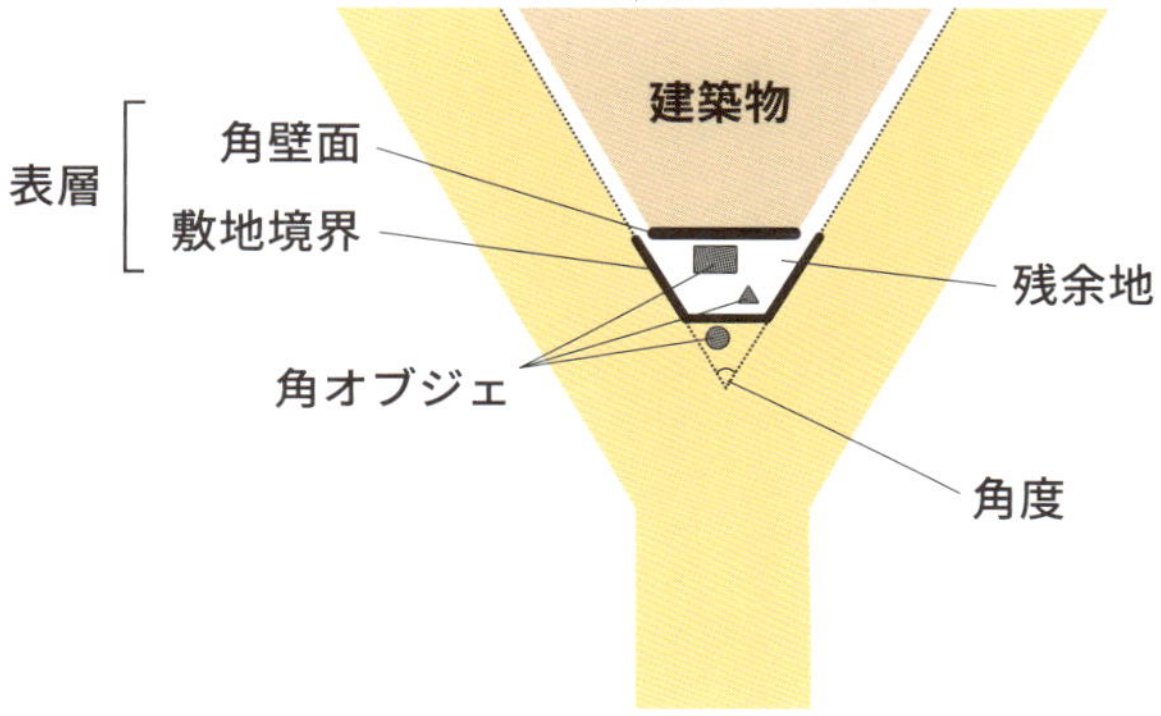

図1：角地の模式図

第一章で紹介したY字路論文の著者、島野氏は「残余氏」のハンドルネームで、「THE 残余地」というサイトを開設している。このサイトには「Y字路あるところに残余地あり」という名言が刻まれている。残余地は「街並みの余白」であり、余白こそが街を引き立てるのだという。なお、「残余地」とは角地だけでなく、余った土地を全般的に指す言葉である。

建築家・大野秀敏は、住宅街において街路風景として現れている面を「表層」と呼び、その類型について論じている。大野氏は表層を「一次面（住居の壁面）」と「二次面（敷地と道路の境界）」に分け、その形態と距離によって表層を図2のように分類している。

二次面には、壁的（非透過）、格子的（半透過）、標識的（透過）という3つの形態がある。大野氏によれば、日本の住宅街の表層には、一次面を主体とする町家型

(B-3)、二次面を主体とするお屋敷型(A-1)、一次面と二次面によって構成される裏長屋型や郊外住宅型(B-1・B-2)などの典型的パターンがあるという。大野氏の関心は住宅街の表層にあるが、この類型はY字路を見るうえでも役に立つ。

先ほど紹介した残余地は、大野氏の言葉を借りれば、一次面と二次面の中間領域と言うことができる。一次面、二次面という用語は直感的でないため、本書では、前者を「角壁面」、後者を「敷地境界」と呼ぶことにする。

壁的・格子的な敷地境界であれば、残余地は敷地内のプライベートな空間として使われるだろうし、段差や舗装で境界を示すのみの標識的な敷地境界であれば、残余は私有地であっても公共空間の一部のようになるだろう。

島野氏は渋谷区のY字路を分析した結果、Y字路には「表」と「裏」があるという結論に至った。大通りに面した「表のY字路」には、広告物やモニュメントなど、見られることを前提としたモノが置かれるのに対し、「裏のY字路」にはゴミ置き場や室外機、植木鉢、自転車など置き場所に困るようなモノが置かれる。

以下、これら先学の論考を手引きとしつつ、「路上の目」から見たY字路の形態について解説していく。①表層、②角オブジェ、③残余地利用の3つに分類して紹介しよう。

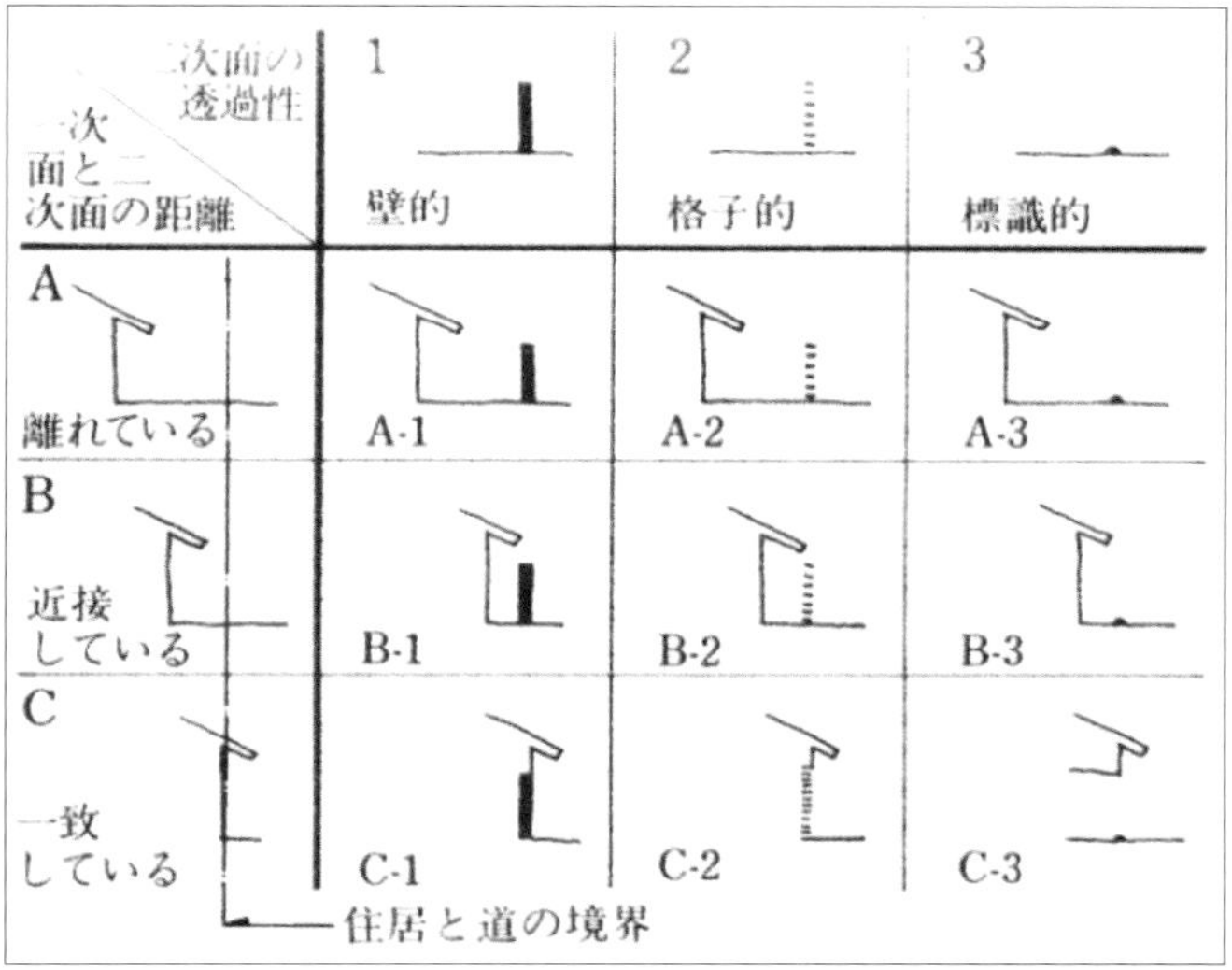

図2：表層の断面構成
出典＝大野秀敏「まちの表層」（槇文彦編『見えがくれする都市』鹿島出版会、1980所収）

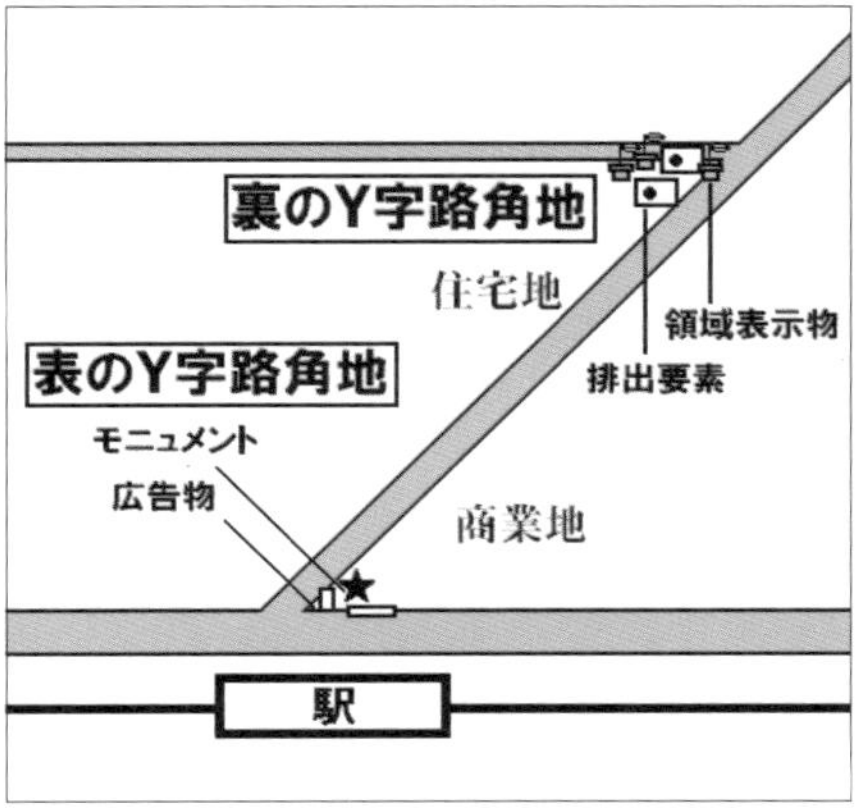

図3：表のY字路と裏のY字路（提供＝島野翔）

看板・広告

2 表層——角はY字路の顔である

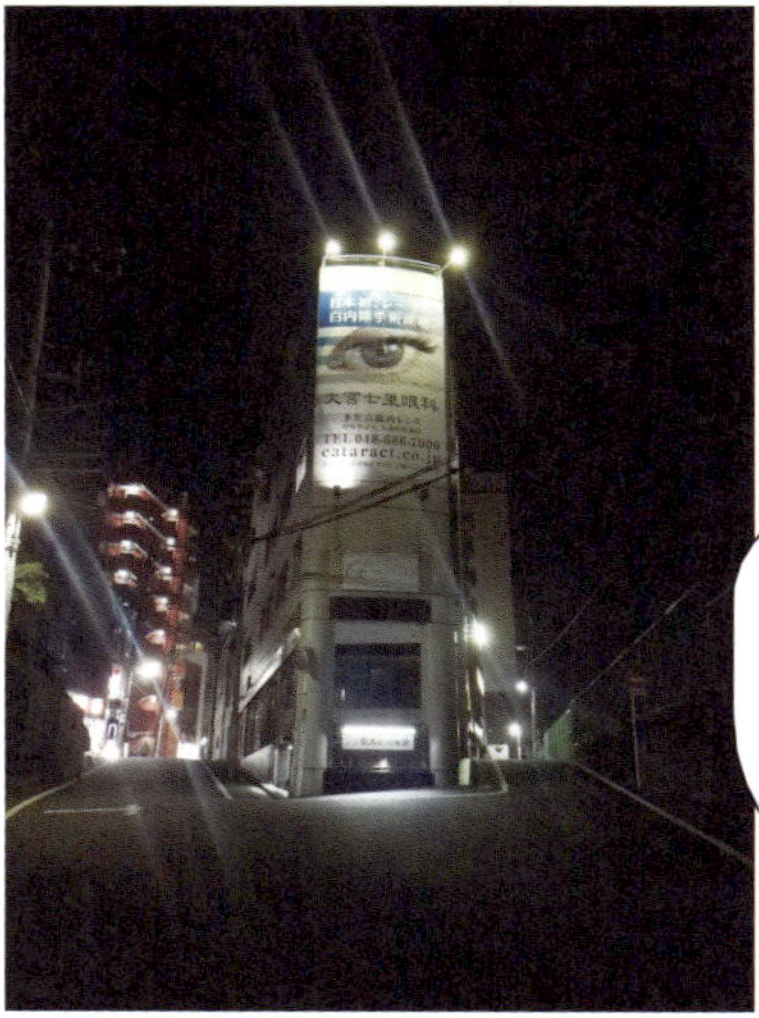

〈上〉写真1:上野アメ横商店街。東京都台東区/〈下〉写真2:こちらを見るY字路。東京都豊島区

表層の利用のなかで最もポピュラーなのが、看板や広告を置くタイプのY字路だ。Y字路はその形状から目立ちやすく、広告を出すにはうってつけの場所となっている。

形態としては、建築物に直接貼り付けるものと、敷地境界の塀や柵に貼り付けるもの、あるいは野立て看板として塀・柵とは別に立てられるものなどがある。角地にある店の看板が掲げられていることもあれば、そことは無関係な企業が広告を出していることもある。

特に目立つ場所になると、デジタルサイネージが置かれていたりする。東京・上野のアメ横センタービル（写真1）は、角地であることを存分に活かしたY字路建築だ。このY字路は看板に商店街のゲート、角地に立つオブジェまで、すべてが見られることを意識している。また、「賑わいの像」という石像まで立っている。

写真2は東京・駒込駅の近くで見つけたY字路だ。眼科の広告ということで、大きな眼があしらわれている。まるで、こちらを見ているようだ。Y字路をのぞく時、Y字路もまたこちらをのぞいているのだ。

〈上〉写真3：浅草バッティングスタジアム。東京都台東区
〈下〉写真4：旧第一銀行 横浜支店。横浜市中区

これは看板・広告よりもさらに角地であることを有効活用しているタイプだ。角に建物の正面を向け、そこに入口や看板を設けている。商業施設にとって、目立つ角地は集客に都合がよい。角に向かって入口を設ければ、その建物の象徴性は否が応でも増すだろう。

角を正面とする「角地型建物」は、日本では近代以降に登場した。そのことを指摘したのは、都市史研究者・陣内秀信の名著『東京の空間人類学』（ちくま学芸文庫、１９９２）である。前近代の日本建築には、角に入口を設けるという発想はない。日本の伝統的な軸組工法には、斜めの構成は馴染まない。また、近世の江戸や大坂においては間口の広さで税額を決める「間口税」が採用されており、制度的にも角に正面を向けることは難しかった。

しかし、近代に入ると日本でも西洋建築が導入され、建築デザインの自由度は各段に上がった。近代都市計画に基づいて道路は拡幅され、角は隅切りがなされるようになった。これにより、交差点は広場的な空間となり、その角にはシンボリックな「角地型建物」が出現することとなった。銀座四丁目の服部時計店（現和光本店）はその早い例である。

角を正面としたY字路建築で著名なものと言えば、なんといってもSHIBUYA109だろう。これについては、第五章で改めて論じたい。

写真5：掲示板のあるY字路。和歌山県橋本市

あまり数は多くないが、町内向けの掲示板が置かれているY字路もときどき見かける。掲示板が広告ほど目立つ必要はないが、わかりやすい場所にあるに越したことはない。不特定多数ではなく、特定多数のためのY字路である。

写真5は高野山へと続く街道沿いのY字路である。左が街道であり、右は新しくできた道となっている。掲示板の下には「通りぬけご遠慮下さい」と書かれた看板があり、左の道に「×」と書かれている。すなわち、Y字路によって住民の空間と通過交通のための空間が分割されているのだ。ここに住む人たちにとっての、玄関と言えるようなY字路である。

写真6：ただの壁。京都市左京区

Y字路のなかには、表層がまったく活用されていないものもある。にぎやかな角地に慣れるとつい何か貼りたくなってしまうが、これはこれでよいものである。

同じように、本にこういう空白があってもよいではないか。

写真7：螺旋階段のあるY字路。大阪市福島区

Y字路に建つ建築は、角地に階段を設けるものがしばしば見られる。特に多いのは螺旋階段だ。細長い形状は、余ったスペースを活用するにはうってつけだ。より角度が鈍い角地になると、螺旋階段ではない一般的な屋外階段が設けられていることもある。

写真7は大阪・福島のY字路である。福島は入り組んだ街区を貫くように新しい道路が通されており、写真7のような薄っぺらいビルが多く見られる。第三章の分類でいうところの、貫通型（P.110）のY字路だ。このような狭いビルでは、階段は屋外に設けざるを得ない。

写真8:ファルマ802。東京都八王子市

階段と似たものとして、エレベーターが設けられているタイプを挙げることができる。その代表例は、渋谷にあるSHIBUYA109だ。109のシンボリックなデザインは日本各地のビルに取り入れられており、「109型」とでも呼べそうな類型のひとつとなっている。

例えば、八王子にある「ファルマ802」というビルは、外観も名前も明らかに109を意識している。802なのは、8(ハチ)・0(オー)・2(ジ)という語呂合わせからだろう。そのほか、千葉駅前にある勝山ビルも109風の外観となっており、やはり角にエレベーターが設けられている。エレベーターの場合、階段よりも角地であることを象徴的に示すデザインが採用されていることが多い。

3　角オブジェ——角地の役者たち

樹木

すぐそばを
阪急電車が
通る

住民による
保存運動が
行なわれている

〈上〉写真9：クスノキのあるY字路。神戸市灘区／〈下〉写真10：谷中のヒマラヤスギ。東京都台東区

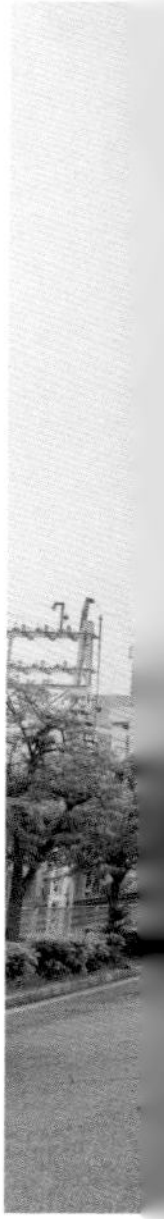

次に、Ｙ字路の角に置かれるさまざまなオブジェについて解説する。

Ｙ字路の角にあるもののなかでも、木は特別な存在だ。ほかのオブジェとは異なり、簡単に動かすことはできない。そして、育つのには時間がかかる。大木があるＹ字路は、古くから町のランドマークになっていることが多い。角地に木を植えたものもあるだろうし、木を目印に人びとが歩いた結果、木がある場所が自然とＹ字路になったものもあるだろう。

あるいは、道を通すときに木を切れず、仕方なく道路を曲げたような場所もある。大阪では、玉造の白光大神や谷町七丁目の楠木大神など、道路の真ん中に鎮座する御神木と祠のセットがよく見られる。これもＹ字路と言えばＹ字路だ。台東区谷中にあるＹ字路には、樹齢１００年を超えるヒマラヤ杉が生えている。角地にある「みかどパン」というパン屋の主人が植えた苗木が、ここまで育ったのだという。「みかど」という店名は、三角地にあることに由来する。

このヒマラヤ杉は谷中の日常風景として親しまれてきたが、２０１９年に台風によって幹の一部が折れてしまった。それにともない、災害時の危険を考慮して大幅な剪定が行なわれた。加えて、２０２１年にはみかどパンも閉店してしまった。

一帯の風景はずいぶんと変わってしまったが、ヒマラヤ杉は徐々にその樹勢を回復しつつある。いずれ、元の風景が取り戻されることを祈りたい。

大徳寺通（旧大宮通）に立つ
道標

茶わん坂

右へ行くか、左へ行くか…

〈上〉写真11：石碑のあるY字路。京都市北区
〈下〉写真12：五条坂と茶わん坂。京都市東山区

Y字路の角に置かれるオブジェクトのなかでも、「分かれ道」としての性格を特に強く意識しているのが、道標である。分岐地点では、どちらに行けばいいのか悩むことになる。地図を手軽に見ることのできない時代においては、なおさらであっただろう。そこで、角地には道標が置かれることになった。右に行けば〇〇、左に行けば××、と道標には行先が記される。

写真11は京都市北区にあるY字路で、角地の道標には「右　上賀茂…」と行き先が書かれている。ただし、一帯は区画整理されたため、右の道はもはや直接上賀茂へはつながっていない。

左右の道の行先はふつう異なっているが、ときどきどちらの道も同じ場所に向かっていることがある。写真12は京都の清水寺への参道にあるY字路だが、左右どちらを選んでも清水寺に行くことができる。左の道は五条坂といって、江戸時代からある古い参道である。一方、右側の道は茶わん坂と呼ばれ、大正時代に開削された新しい道である。

おもしろいのは、その角にある道標がどちらも右側の道を案内している点である。背の低いほうの道標は1922年、背の高いほうの道標は1982年に立てられた。建立したのは、新しく開かれた茶わん坂に店を構える商店主たちである。古くからある参道からどうにか参拝客を呼び寄せようとしたのだろうか。道標ひとつからでも、そこから人びとの思惑を読み取ることができるのだ。

近くの溜池から
移転してきた
社・祠

左は
大和街道

〈上〉写真13：太寺弁財天社。兵庫県明石市
〈下〉写真14：二人地蔵尊。大阪市都島区

道標と並んで古いY字路に多く見られるのが、社《やしろ》や祠《ほこら》などの信仰物である。祀られているものは地域によって違いがあり、関西だと地蔵尊や大日如来、関東だと庚申塔《こうしんとう》や馬頭観音をよく見かける印象がある。また、稲荷なども全国的に多い。日本の集落では辻や村境に道祖神を祀ることが多く、その立地はしばしばY字路と重なる。

沖縄県や鹿児島県では、「石敢當《いしがんとう》」と書かれた石碑が角地に置かれていることがある。石敢當の由来は中国の武将の名とも「当たるところ敵無し」の意味とも言われ定かではないが、いずれにせよ魔除けの意味合いを持つとされる。曰く、これらの地域に伝わる魔物「マジムン」は直進しかできないため、角地の家に魔物が突っ込んでくるのを防ぐために石敢當が置かれるのだという。

風水では、鋭角の道路に挟まれた土地は「剪刀殺《せんとうさつ》」と呼ばれ、住居の場合は凶相になるという。対処法としては、角地に鏡を置いたり石敢當を置いたりすれば良いらしい。とはいえ、私は風水を気にしないタチなので、むしろY字路には住みたいと思ってしまう。なお、店舗の場合はむしろ吉相とのこと。

私が特に好きなのは、大阪・京橋駅の近くにある二人地蔵尊（写真14）だ。細長いビルの端に、二体のお地蔵さんが仲良く並んでいる。しっかりと屋根まで付けられており、手入れも行き届いている。地域住民に愛されていることがわかるお地蔵さんだ。みかんの木が天幕を突き抜けているのも微笑ましい。

〈上〉写真15：築榊講常夜灯。京都市向日市
〈下〉写真16：五辻の常夜灯。京都市向日市

常夜灯も街道沿いのY字路に多い。この例として興味深いのは、京都府向日市にあるY字路である。向日市の中心部には、京都から大阪を経て山陽の諸都市に至る「西国街道」が通っている。街道は道幅が狭いため、昭和初期に、より広い新道が同じようなルートで引かれた。その結果、旧道と新道が交差する地点にはいくつものY字路が生まれた。

写真15は向日市にあるY字路のひとつであり、角地に常夜灯が置かれている。いかにも昔ながらの街道らしい風景なのだが、実はこの常夜灯は、2016年になって別の場所から移設されてきたものなのだ。向日市では2010年代に入ってから街道を活かしたまちづくりが盛んになり、その一環で常夜灯の移設が行なわれた。

写真16も同じく西国街道沿いにある常夜灯である。この場所はもともと「四辻」と呼ばれ、近くにある西山浄土宗の総本山「柳谷観音」への参道の起点だった。四辻には江戸時代から、柳谷観音の信者によって建てられた2基の常夜灯が置かれていた。近代以降には、新道の開通や道路拡幅によって常夜灯は移設され、四辻も「五辻」になった。

だが、前述のように西国街道によるまちおこしが盛んになった結果、向日市の市制40周年となる2012年、五辻に常夜灯が戻された。街道らしい風景は必ずしも江戸時代の名残りではなく、時代の要請に応じて新たに創出されたり復旧されたりと複雑な経緯をたどるのである。

〈上〉写真17：水口・三筋の辻。滋賀県甲賀市
〈下〉写真18：宮崎神宮東参道。宮崎県宮崎市

あまり例は多くないものの、角地に時計が置かれるケースもある。懐中時計が普及していない時代においては、公共空間に時計が置かれることが多かった。Y字路の角地は目立つため、時計を置くにはちょうどよい場所である。

交叉点に置かれる時計は「辻時計」と呼ばれる。東京都瑞穂町のY字路には、箱根ヶ崎時計台という辻時計がある。もとは1931年に設置されたが、高度成長期に一度取り壊されたのち、平成になってから復元されたものである。

写真17は東海道の宿場町である水口のY字路である。水口は「三筋町」と呼ばれ、ギリシャ文字のΨ（プサイ）のように東海道が3本に分かれている。そしてその角には、地元で開かれる水口祭の曳山を模した「からくり時計」が置かれている。一日に4回仕掛けが動き、旅人、芸者、宿の女将などが中から姿を表す。

写真18は、第五章で紹介する宮崎神宮の東参道にあるY字路である。角地にはSEIKOの時計が置かれており、その裏には宮崎神宮の鳥居建設記念碑や、町内の掲示板もある。花壇はよく手入れされており、地域活動の中心になっていることがうかがえる。ごみ捨て場になっているので、きっとごみ捨ての日にはここで立ち話もくり広げられるのであろう。Y字路という空間で、人々は時間をも共有するのである。

安全用品：道路標識、カーブミラーなど

〈上〉写真19：標識のあるY字路。兵庫県三木市
〈下〉写真20：カーブミラーのあるY字路。京都市右京区

Y字路は分かれ道であり、交通上のネックになりやすい。うまく交通をさばかないと事故が起こってしまうし、通行者が間違った道を選ばないように案内する必要がある。また、そのため、スムーズな交通のためにさまざまなオブジェクトが配置される。

細いY字路では、「車両通行止め」や「一方通行」の標識が置かれていることが多い。もちろんこれらはY字路に限らずポピュラーな標識であるが、分かれ道だからこそ置かれるオブジェクトと言える。

また、Y字路の角にはポールやパイロン（カラーコーン）が置かれていることもある。角地の建物に自動車がぶつかってしまわないようにするためだろう。さらに警戒が進むと、ガードレールも設置される。角オブジェではないが、ゼブラゾーン（導流帯）が設定されていることもある。

「Y形道路交差点あり」というまさにY字路をあらわす標識もあるのだが、その数は少ない。私も、いまだ「Y形道路交差点あり」の写真は手元に持っていないし、見た記憶もない。車を運転しない人間ゆえ、どうしても標識への感度は鈍くなってしまう。「道路標識wiki」という標識マニアの有志によるサイトでは、この標識は「レア度4：日常では見かけない」に分類されている。Y字路趣味を極めるには、非日常に足を踏み入れなければいけないようだ。

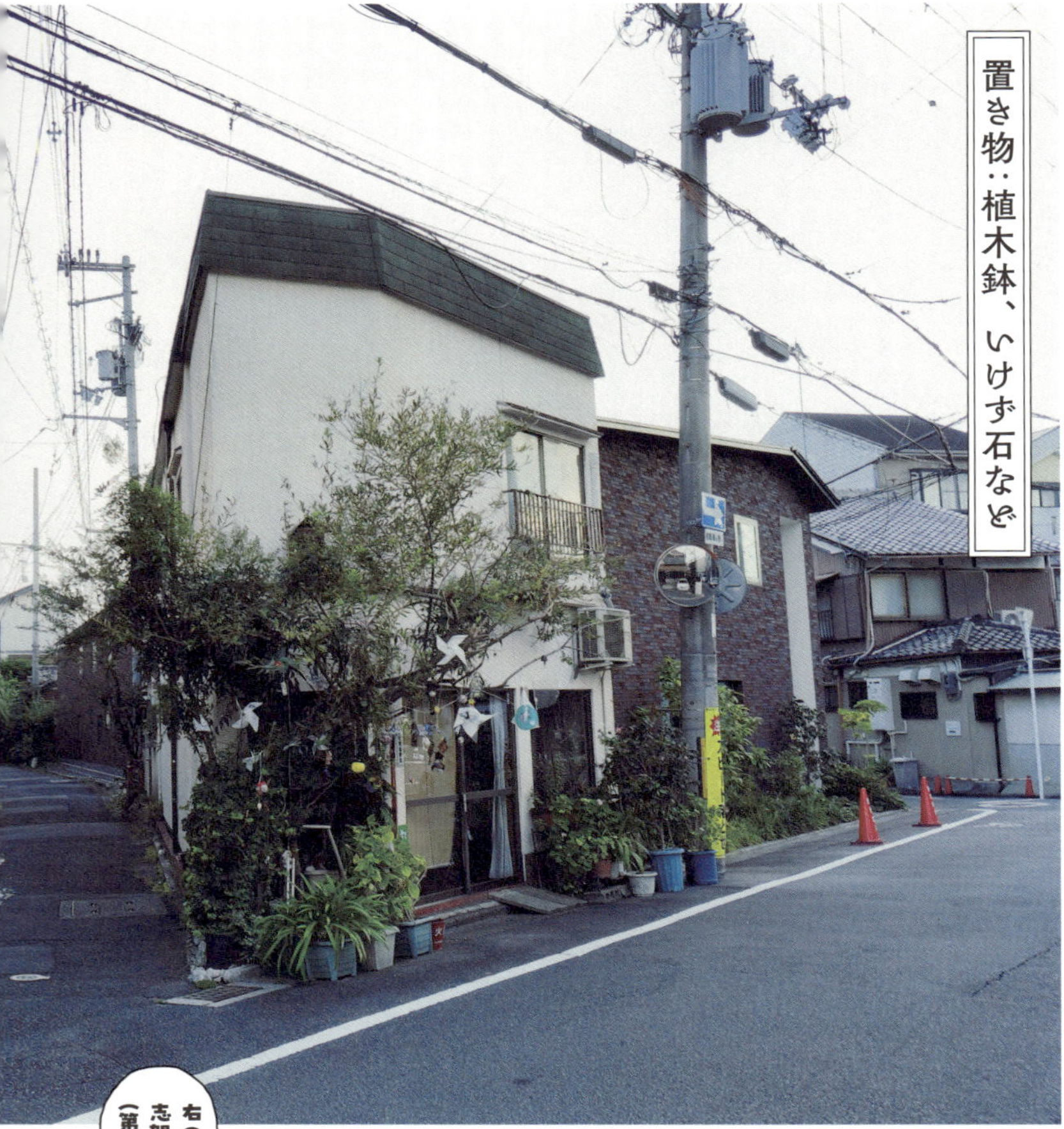
置き物：植木鉢、いけず石など

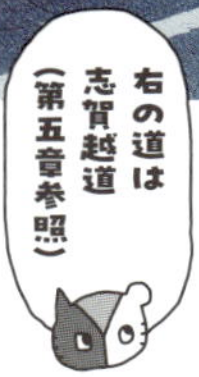
右の道は志賀越道（第五章参照）

写真21：風車のあるY字路。京都市左京区

余ったスペースがあると、人は何かを置きたくなる。そんな気持ちに答えてくれるのが植木鉢だ。それほど場所をとらず、たくさん置いてもさほど邪魔にならない。自販機やポストのように目立つわけでもない。植木鉢は残余地らしいささやかな風景の代表者だ。たまに道路にはみ出しているのはご愛敬。

京都の町中では、角地に「いけず石」と呼ばれる石が置かれていることがある。「いけず」とは京言葉で「いじわる」という意味。家に車をぶつけられないように、わざと邪魔な石を置いているのだ。いけず石は京都の文化と言われることが多いが、大阪や滋賀など、関西一円で広く見られる。東京でもときどき見かける。いけずなのは京都人だけではないようだ。

そのほか、残余地には小さな置き物が居座っていることもある。信楽焼のたぬきや、小人の置き物など、そのバリエーションは多岐にわたる。こうした小さな角オブジェは動かしやすいため、たびたびY字路の風景がうつり変わるのも見どころだ。

〈上〉写真22：ポストのあるY字路。京都市右京区
〈下〉写真23：自販機のあるY字路。兵庫県加古川市

ポストや自販機くらいのサイズのオブジェクトは、置き場所に困りがちだ。軒先に置くには場所をとるが、そのためにわざわざスペースを設けるほどでもない。Y字路は、そうした都市の漂流者を受け止めてくれる。

鮮やかな色彩をもつポストや自販機は、Y字路にアクセントを加えてくれる。ほかに何も置かれていない地味なY字路であればあるほど、彼らの存在感は大きくなる。角地に立つ彼らの姿は、軒先にいるそれらよりも、ずっと誇らしげに見えるものだ。

冒頭で紹介した島野氏の調査によると、渋谷区にある205箇所のY字路のうち、自販機が置かれているものは28箇所と意外と少ない（2007年時点）。自販機はサイズが大きいため、いくら残余地とはいえ置ける場所が限られているのかもしれない。

そのほかにも、ゴミ箱や室外機など、Y字路にはさまざまなオブジェクトが引き寄せられる。島野氏は、こうした「建築物内の廃棄物を排出する要素」を「排出要素」と名づけている。同じく島野氏による調査では、渋谷区の205箇所のY字路のうち、84箇所に排出要素が見られた。

残余地に見られるこれらのオブジェクトは、どれもありふれた存在だ。しかし、何がどういった配置で置かれているのか、なぜそこに置かれているのか、ほかに置く場所はなかったのか、という目線で見ると、そのY字路の固有性が見えてくる。

4　残余地利用——「余った」からこその空間利用

広場・テラス席
京橋東商店街
中央イベント広場

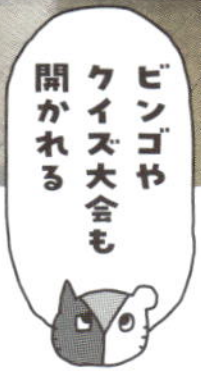
ビンゴや
クイズ大会も
開かれる

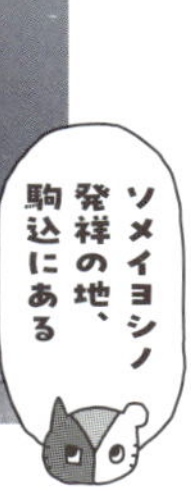
ソメイヨシノ
発祥の地、
駒込にある

〈上〉写真24：京橋東商店街 中央イベント広場。大阪市都島区／〈下〉写真25：桜キッチンカフェ。東京都豊島区

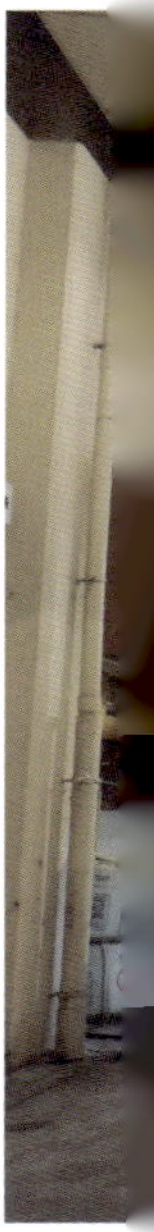

残余地には多くの角オブジェが集積することを紹介してきたが、残余地のなかには、そこにモノを置くというよりもむしろその空間自体を活用しようとするものもある。Ｙ字路に設定される広場はそのひとつの例だ。Ｙ字路によって余った土地が、交流のためのスペースとして有効活用されている。

写真24は大阪・京橋東商店街にあるＹ字路で、中央イベント広場という名前がついている。アーケードがＹ字に交差しているという点もユニークなのだが、その角地のわずかな空間がイベントスペースになっているところがおもしろい。この広場では、シンガーソングライターのライブやプロレスなどが行なわれている。商店街にあって多くの観客が集まることができるのは、Ｙ字路という空間のなせるわざだ。

イベントが開かれるようなＹ字路はそう多くはないが、小さな公園として整備されたようなＹ字路ならあちこちに見られる。また、飲食店であれば角地をテラス席として利用することもできる（写真25）。広々とした空間はなくとも、１本の木とベンチがあるだけで心がやすらぐ。広場やテラス席は意図して人が集まる場として設計された空間だが、そうでなくともＹ字路には人が集まりやすい。Ｙ字路ではよく別れ際の立ち話をする人を見かける。残余地は、さよならをする前のひと時をもたらすのだ。

写真26：ゴミ置き場のY字路。京都市左京区

広場は人が集まる場所だが、モノが集まるようなY字路もある。Y字路はしばしば地域のゴミ置き場に設定されており、カラスよけのネットが置かれていたりする。Y字路がつくる空間的なゆとりは、一時的にモノを置くにはぴったりだ。

写真26は、第五章で紹介する京都・吉田の一角にあるY字路である。ゴミ捨てに関する注意書きがたくさん貼られ、一種の掲示板のようになっている。注意書きが多いのは、このエリアに京大の下宿生が多く、短期間で住民が入れ替わることと関係しているのかもしれない。写真ではむき出しのブロック塀の状態だが、最近ベージュに塗られ、ウォールアートが描かれた。

駐輪場・駐車場
FOR RENT
建物がないと
ちょっと
さびしい

写真27：駐車場のY字路。香川県高松市

同じような理屈で、Y字路が駐輪・駐車スペースとして活用されている例は多い。料金をとるタイプのものもあれば、「なんとなくここは自転車・車を停めてもよい場所」として近隣住民に認知されているようなインフォーマルな駐輪・駐車スペースもある。これも、建物敷地としては使いづらい土地ならではの利用法だ。

角地の駐車場の場合、駐車スペースは長方形だが、敷地全体は三角であるため、敷き詰めていくとどこかに小さな残余地が生まれる。残余地に詳しい残余氏さんによると、こうした場所には自販機がよく置かれているという。あくまで個人的感想だが、駐輪場や駐車場になっている角地は、あまりおもしろみを感じない。角地に建物がないと、Y字路特有のトンガリ感は味わえない。私としては、建物が建て詰まったY字路のほうが嬉しい。

〈上〉写真28：花壇。愛知県小牧市
〈下〉写真29：植え込み。京都市北区

Y字路のなかには、まったく建物が建っておらず、駐車場や駐輪場としても活用されていないものもある。花壇や植え込みとして利用されているものがその一例である。第三章で述べる「食い違い型Y字路」によく見られ、建物を建てられないほど敷地が狭い場合に形成される。Y字路というよりは、残余地という表現のほうがふさわしい空間だ。

写真28は花壇として整備されている三角地で、色とりどりの花が植えられている。残余地ながら、しっかりと手入れされていることがうかがえる。Googleストリートビューのタイムマシン機能で見る限り、数年ごとにすべての花が植え替えられているようだ。

一方、写真29は交通を整理する機能に特化した植え込みで、鑑賞されることは想定されていない。しかし、よくよく見てみるとこのY字路も素晴らしい。右の道が直線的であるのに対して、左の道はうねうねと曲がりながら奥へと続く。ご丁寧にポールまで設置されており、通る者の運転技術を試すかのようだ。

中央の植え込みには花も咲いており、花壇とはまた違う残余地の姿が味わえる。そう思って眺めていると、中央の丸い反射板も花に見えてくる。Y字路の楽しみとはまた違うかもしれないが、こうやって残余地をまじまじと見つめるのも悪くない。

〈上〉写真30：三角の空き地。京都市左京区
〈下〉写真31：これはY字路？　京都市上京区

植え込みはまだかろうじて植物が手入れされているが、なかにはほとんど放棄されたようなY字路も存在する。空き地型のY字路である。写真30の角地にはもともと数本の木が生え、近隣住民が管理していると思しき植木鉢がたくさん置かれていた。しかし、次第に管理がされなくなり、2017年ごろには生えていた木もすべて切り倒されてしまった。

写真31は、もともと食い違いになっていた場所に斜めに道を通したことによって生まれた空間である。全面がゼブラゾーン（導流帯）になっており、何も置かれることなく純粋な「残余」となっている。普通なら、これだけの広さがあれば軽く芝生を敷いてみたり看板を立てたりしそうなものだが、そんなことは一切しない。そこにはただ「無」があるのみである。

これは果たしてY字路であろうか。たしかに導流帯は鋭角になっているが、角には建物もオブジェクトも存在しない。ゼブラゾーンが消えてしまえば、とてもY字路には見えない。Y字路と非－Y字路の境界はあいまいなのである。

5 角地利用のマトリクス

	積極的利用	消極的利用
表層	広告、看板、ファサード…	階段、ただの壁
角オブジェ	道標、祠…	自販機、植木鉢…
残余地利用	イベントスペース…	ゴミ置き場、駐車場、植え込み、空き地…

図4：角地利用のマトリクス

本章では、①表層、②角オブジェ、③残余地利用という3つの側面からY字路の諸相を紹介した。角地の使われ方にもさまざまなものがあるが、大きく分けると、**積極的利用**と**消極的利用**という2つの方向性がある。

積極的利用とは、角地で目立つというY字路の性格を活かした利用法である。広告・看板やファサード、道標、広場などがこれに当てはまる。デジタルサイネージが置かれ、「賑わいの像」が立っているアメ横のY字路は、積極的利用の典型的な例と言えるだろう。

一方、消極的利用とは、余ったスペースをどうにか埋めようとした結果として生まれるY字路のあり方である。自販機や植木鉢、ゴミ置き場や駐車場などが該当する。一見すると地味なのだが、Y字路鑑賞に慣れてくるとその奥ゆかしさに取りつかれてしまう。

表層、角オブジェ、残余地利用という3つの領域に積極的／消極的という2つの方向性を組み合わせると、角地利用を図4のように6つに分類することができる。Y字路の角は、おおよそこれらの要素の組み合わせとして解釈することができるのではないだろうか。もちろん、すべてを積極的利用と消極的利用のどちらかに振り分けることは難しいだろうが、Y字路鑑賞のための補助線としては十分に機能すると思う。

6　Y字路の角度は何度が理想か？

Y字路は角度によっても分類できる。といっても、目視ではそこまで細かく角度は測れないものなので、ざっくりで十分だ。ここではとりあえず、90〜60度を「鈍めのY字路」、60〜30度を「標準的なY字路」、30度以下を「鋭いY字路」、90度以上を「鈍角Y字路」と区分する。30度ずつ分けたのは、キリがいいからという以上の理由はない。

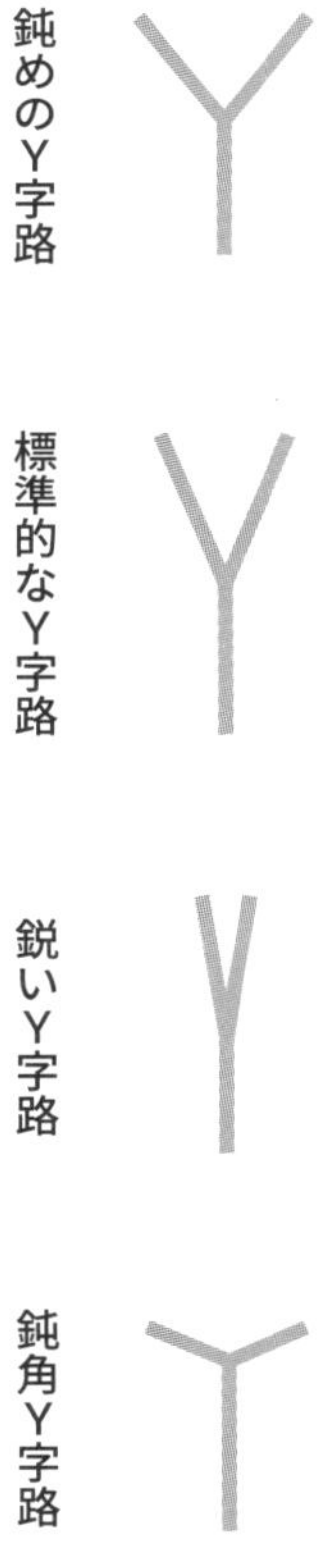

図5：Y字路の角度

〈上〉写真32：西院・折鶴会館。京都市右京区
〈下〉写真33：たばこ屋のあるY字路。京都市右京区

写真だとぎりぎり左右が見通せるかどうかといった程度のY字路だ。現地に行くとたしかにY字路っぽさはあるのだが、写真を撮ってもぱっと見では直角の交差点とさほど変わらない。ただ、これくらいの角度であれば隅切りが弱くとも角にそれなりの平面ができるので、ファサードを強調したデザインにしやすい。

写真32は、京都・西院にある折鶴会館という建物である。京都市内は碁盤の目の町割りだが、ここは阪急京都線が斜めに通っており、このようなY字路が形成された。折鶴会館は、近隣で営業していた屋台を収容するかたちで1959年に建設された集合建築である。京都には、こうした「○○会館」と名づけられた集合建築が多い。長らくサラリーマンの憩いの場として親しまれてきたが、近年は若い人びとにも人気を博している。

角度の広いY字路において、写真を撮ったときに左右の道が見通せるかどうかは、当然ながらカメラのレンズに依存する。広角レンズであれば、鈍めのY字路でも難なく左右の道を見通すことができるのだろう。しかし、遺憾なことに私はまともなカメラを持ち合わせていない。本書に掲載している写真のほとんどは、スマホのカメラで撮影したものだ。

標準的なY字路
そえられた
植木鉢が
かわいらしい

消火
現在は
空き地

〈上〉写真34：中崎町のY字路①大阪市北区
〈下〉写真35：中崎町のY字路②大阪市北区

一般的にY字路と言ったときに想像されるのは、60〜30度あたりのものではないかと思う。これくらいであれば、スマホで写真を撮っても左右の道を十分に見通すことができる。これは私見だが、Y字路において一番「道」が主役になりやすいのはこの角度帯のY字路であると思う。これより広いと道を見通すことが難しいし、これより狭いとむしろ真ん中の建物に目がいってしまう。

角地利用という点でも、この角度帯のY字路はバランスがとれている。残余地を広場のように使うこともできるし、柵や塀で囲ってしまってもいい。さまざまな使い方を許容する、オールラウンダーなY字路だ。

この写真はどちらも大阪・中崎町で撮影したものなのだが、実はこの2つのY字路はとなりあっている。写真34の右側に写るのが、写真35のY字路だ。中崎町は空襲を逃れた古い町家が多く残り、若者に人気のスポットとなっている。しかし、取り壊されてしまう建物も多く、写真35の建物も2020年ごろに解体された。

〈上〉写真36：Y字路の零度。京都市左京区
〈下〉写真37：石切鯛焼き和ノ国。大阪府東大阪市

Y字路も30度以下になってくると、凄みが出てくる。いや、私が勝手に感じているだけなのだが、このくらいのY字路はなかなか出会えないため、見つけたときは心が踊る。限界まで狭められたその角は、Y字路でしか見られないようなユニークな景観を呈する。

ただし、あまりに角度が小さすぎると、そもそも建物を建てることができない。高低差を解消するためにできたY字路の場合、しばしばそういうことが起こり得る。建物があってこそのY字路だと思う私としては、これはあまり好きではない。鋭ければよいというものでもないのだ。

写真37は東大阪・新石切駅前にあるY字路で、三角形のかわいらしい建物が角地につっ立っている。「Try・アングル」というこれまたY字路らしい名前のブティックが中に入っていたのだが、数年前に閉店し、現在はたい焼き屋になっている。

テレビ東京で放送されていた「空から日本を見てみよう」は、空撮映像を使いながら街を紹介する紀行番組である。この番組内に、トガった建物の角度を計測する「測れ！トンガリ計測部！」という人気コーナーがあった。番組は終了してしまったが、紹介されたトンガリ物件は今も番組ホームページにリスト化されている。そんなマニアックなコーナーが成立すること自体が驚きだが、今もときどきＳＮＳで話題にする人がいることからするに、トンガリマニアは意外と多いようだ。

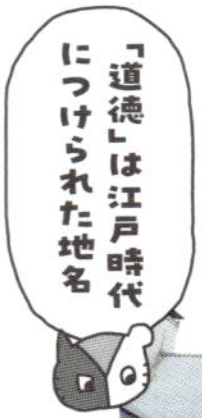

写真38：道徳のY字路。名古屋市南区

Y字路はたいていどこかの角が鋭角になっているものだが、たまに鈍角だけで構成されたものもある。これを「鈍角Y字路」と呼ぶ。鈍角Y字路は地図上ではたしかにY字路なのだが、写真を撮ってみてもあまりY字路感はない。なぜなら、左右の道が見通せないからだ。また、鈍角だと残余地も生まれづらく、角地全体が建物で埋められていることも多い。

第一章でも述べたとおり、Y字路のY字路らしさは「鋭角」であることによって生まれている側面が大きい。その意味で、鈍角Y字路はY字路としてはいくぶんイレギュラーな存在と言わざるを得ない。どちらかといえば、T字路に近いY字路である。

写真38は名古屋の道徳というエリアにあるY字路だ。角壁面に「Yamamoto」とYの字がで

かでかと描かれている。ここまで強く主張されては、Y字路と認めざるを得ない。

7 角壁面の長さ

角壁面の長さも、Y字路の印象を決める重要な要素だ。角壁面は「建物の隅切り」によって生まれる。角壁面が長いほど、残余地は広くなり、Y字路としてはマイルドな印象になる。反対に、角壁面を短くしていくとシャープでメリハリのあるY字路になる。今回は便宜的に、1メートルと3メートルを基準として角壁面の分類を行なった。

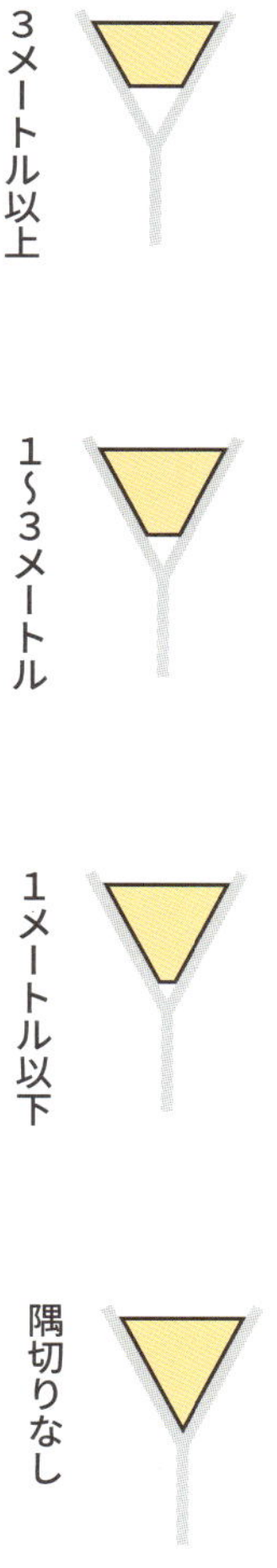

図6：角壁面の長さ

3メートル以上

写真39：Y字路の散髪屋。京都府綾部市

角壁面が3メートル以上もあると、そのY字路は一種の広場のような空間になる。ファサードとしても十分な広さが確保できるので、商業建築の立地には好都合だ。ただし、この広さであれば間口は一般の建物とそう変わらないため、Y字路ならではの建築にはならないことも多い。

巻頭写真P.6は東京都豊島区にある雑司ヶ谷鬼子母神の参道で、角地にはカフェが建っている。植木や動物の置き物など、角地であることを活かしてさまざまなオブジェクトが置かれている。写真39は京都府綾部市にあるY字路で、角地に散髪屋が建っている。こちらもやはり、建物の入口が正面を向いている。角壁面が長いと、安心感や包容力が感じられるY字路になる。

写真40：六文そば 須田町店。東京都千代田区

法令に則って隅切りを行なうと、だいたいこのくらいに収まる。Y字路としては平均的なサイズかと思う。入口を設けることも可能であるし、大きめの看板を設置することもできる。また、ある程度の広さの残余地も形成されるので、角オブジェも集まりやすい。

写真40は東京都の神田にある「六文そば 須田町店」である。五差路の角にあり、ほどよいトガリ具合である。営業時間中には角地にベンチが出され、外で食べることもできる。かけそば300円とリーズナブルで、いかにも東京らしいそば屋だ。

写真41：太秦の立体Y字路。京都市右京区

このレベルになると、角に建物の入口を設けることは難しい。看板を置くにしても、少々手狭な印象だ。残余地もほとんど形成されないため、せいぜいプランターを置くか、ゴミの集積所にするくらいの利用しか敵わない。角オブジェという点では少々寂しいが、そのぶん建物がY字路に個性をもたらしている。

写真41は京都・太秦にある立体Y字路で、少し前までは角地に歌謡スタジオが入っていた。この角地ではスペースも狭いだろうが、そのぶん歌い手と聴き手の距離も近く、和気あいあいとした空間になっていたことだろう。小林幸子の名曲「Y字路」を歌うとすればここしかない（第四章参照）。

隅切りなし

写真42：トンガリY字路。京都市右京区

青いごみネットがアクセントになっている

隅切りをいっさい行なわないタイプ。敷地のギリギリまで建物あるいは柵で埋められている。当然残余地も形成されないが、ここまでくるとむしろそのトンガリ具合が持ち味になってくる。角度が狭く隅切りもないようなY字路には、人を寄せつけない冷徹な魅力がある。

写真42は京都のある団地の一角にあるY字路で、15度と極めて鋭いうえに隅切りもなされていない。角から奥の白い小屋までは17メートルほどあるのだが、その距離感も掴めなくなるような、不思議なY字路だ。角にかけられた青いカラス除けネットがちょうど良いアクセントになっている。

8　Y字路の調査票

ここまで述べてきたように、Y字路の角地はさまざまな観点から分析することができる。角壁面や角オブジェ、残余地など、それぞれがどのような要素から構成されているかをひとつひとつ見ていくことで、そのY字路の個性に気づくことができるだろう。また、角度や角壁面の長さも重要である。

本章では固定的な形態要素に絞って紹介したが、Y字路を見るときの観点はその限りではない。**周囲の交通量や音、匂いなどもY字路を構成する要素である。**時間帯もしかり。同じY字路でも、昼に見るのと夜に見るのとではまったく印象が違うことだろう。

本章で述べた各要素を、調査票にまとめてみた。調査票には、第三章で述べる形成過程に関する項目も入れている。この調査票を使えば、どんなY字路でもその特性を仔細に記録することができるだろう。ただし、調査票の項目を埋めることで得られるのは部分的な理解でしかない。全体は部分の総和以上のものである。各要素が組み合わさった結果として生まれる全体のバランスも、忘れずに見ておきたい。

路上の目とは、**身体をその場に投げ出すことによって得られる視点**である。歩きまわった足の疲れやY字路を見つけたときの驚きも、あなたのY字路体験の一部を構成している。もしY字路の角に店があれば、ふらっと入ってみよう。内側からでしか見えないY字路の姿に出会えるはずだ。

<table>
<tr><td>所在地</td><td colspan="3"></td></tr>
<tr><td>調査日時</td><td colspan="3"></td></tr>
<tr><td></td><td>道幅</td><td>勾配</td><td>形態</td></tr>
<tr><td>右の道</td><td></td><td>°</td><td></td></tr>
<tr><td>左の道</td><td></td><td>°</td><td></td></tr>
<tr><td>角度</td><td colspan="2">°</td><td></td></tr>
<tr><td>交差する道</td><td colspan="2">本</td><td></td></tr>
<tr><td>角の建築物</td><td colspan="3"></td></tr>
<tr><td rowspan="3">表層</td><td rowspan="2">角壁面</td><td>長さ</td><td>m</td></tr>
<tr><td>形態</td><td></td></tr>
<tr><td>敷地境界</td><td colspan="2">壁的・格子的・標識的・その他</td></tr>
<tr><td>角オブジェ</td><td colspan="3"></td></tr>
<tr><td>残余地利用</td><td colspan="3"></td></tr>
<tr><td rowspan="2">形成過程</td><td>類型</td><td colspan="2">系　型</td></tr>
<tr><td>詳細</td><td colspan="2"></td></tr>
<tr><td>備考</td><td colspan="3"></td></tr>
</table>

図7:Y字路調査票

コラム②

Y二郎

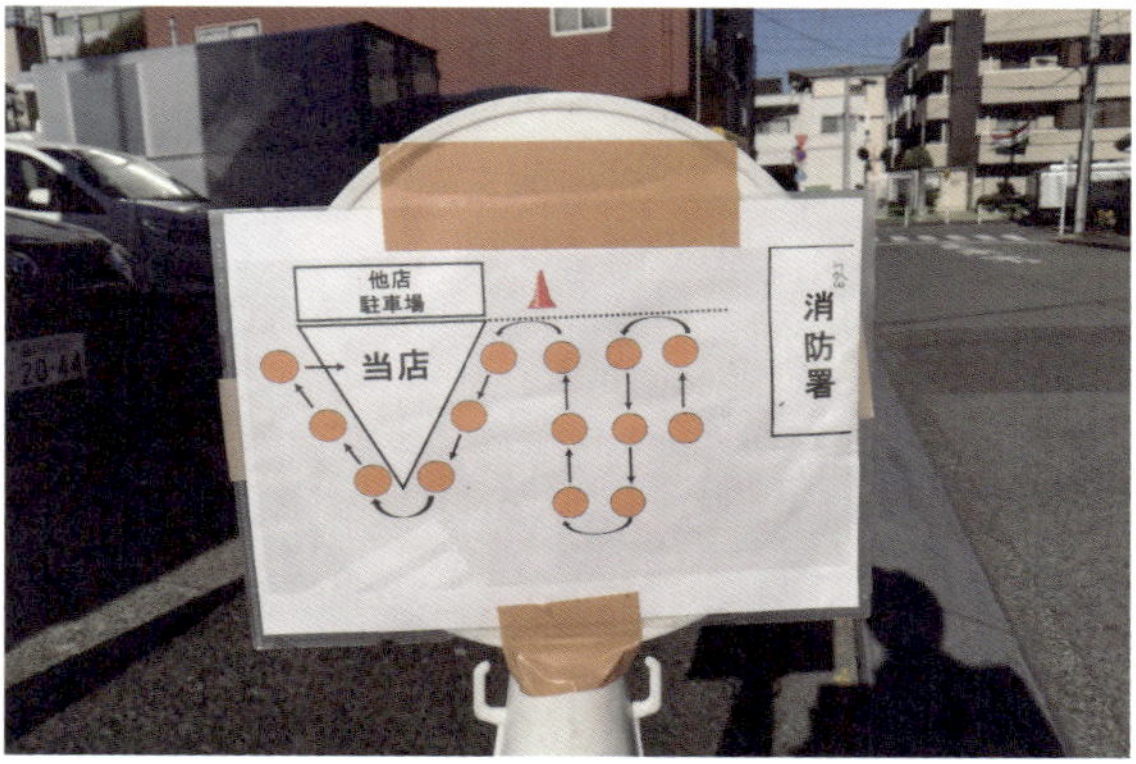

〈上〉ラーメン二郎三田本店、東京都港区。開店ごろの様子
〈下〉行列の並び方

Y字路にある名店として有名な例を一つ紹介しよう。野菜と肉がたっぷり乗ったラーメンでおなじみの全国チェーン「ラーメン二郎」は、Y字路に本店がある（右写真上）。有名チェーンの本店ということで多くの観光客が訪れるほか、慶應義塾大学三田キャンパスに近いことから塾生の来店も多い。

この店では常に行列が絶えないのだが、その行列をさばく上ではY字路がうまく機能している。行列は店の入口から角を曲がって裏側に回り込むように整理されており、さらに列がのびると右側の道にはみ出すことになる（右写真下）。

このY字路は、もともとは右の道しかなかったところに、左の道が新たに開通することで形成された貫通型Y字路（P.110ページ参照）だ。右側の道はすでに交通路としての役割を左側の道に譲っており、多少行列がはみ出ても支障はない。もしここがY字路でなければ、行列はもっと混乱をきたしていただろう。

店内はカウンター席のみで狭いため、大きな荷物を持った客は荷物をおろすように言われる。そのときに荷物を置く場所が、三角形の隅のスペースなのだ。二郎本店は、店内でも店外でもY字路空間を存分に活用している。ラーメンが着丼したら急いで黙々と食べるべし、という二郎のスタイルは、狭いY字路角地という物理的形態によって生まれたものではないだろうか。

これはまったくの私見だが、Y字路にある店は名店が多い。角地は印象に残りやすく、三角の店内は空間体験を豊かにする。Y字路は味覚でも楽しめるのだ。

京都市山科区　髭茶屋追分

第三章　Y字路はなぜ生まれるのか——地図の目

1　Y字路の形成要因

Y字路とは鋭角な分かれ道である。どんなときに交差点は鋭角になるのか。Y字路の形成過程を考えるには、路上からの視点よりもむしろ、**地図の視点**が有用である。本章では、地図を使いながら「**Y字路はなぜ生まれるのか**」について考察する。

まず、「道」がどのようにできるかを考えたい。道路の最も根源的な機能は、目的地へのアクセスルートとしての機能である。目的地が異なれば、当然ながら道路が伸びる向きも異なる。それによって生まれるY字路を「**街道系Y字路**」と名づけよう。

目的地へのアクセスを考えるならば、道路は基本的に直線が望ましい。しかし、実際は必ずしもそうはいかない。地面には起伏があり、あまりにも勾配が激しいと、上ることができなくなる。徒歩であれば階段という手もあるが、自動車の場合はより強く勾配の制約を受ける。こうした地形的要因によってできるのが、「**地形系Y字路**」である。

街道系と地形系はいわば「自然発生的に」できたY字路であるが、中にはより計画的に引かれた道によってできるY字路もある。これを「**開発系Y字路**」と呼ぶ。グネグネと曲がる旧道に対して直線的な新道を引くことによってできるY字路や、既存の街路網を無視して道路が引かれることによるY字路が該当する。

先に述べた3つの類型は、「線」同士の交わり方に着目した類型である。これに対して、「面」的な関係から形成されるY字路もある。これを「**グリッド系Y字路**」としよう。グリッド＝直線・直角の街路網は、古くから都市計画の基本パターンとなってきた。しかし、都市全域にわたって統一的なグリッドパターンを用いることは難しく、どこかで必ず綻びが出る。そこにY字路が現れるのである。

Y字路を形成要因から分類すると、①街道系、②地形系、③開発系、④グリッド系という4つの類型が見出せる。これらの類型は相互排他的なものではなく、複合的な要因を持つY字路も存在する。また、これらのいずれにも当てはまらないY字路もあるかもしれない。だが、ひとまず本章ではこの4分類を基本として、それぞれの分類ごとにより細かな類型を見ていくことにしよう。本章の最後にすべての類型を図示しているので、そちらも適宜参照いただきたい（P.118‐119）。

2 街道系Y字路
——異なる目的地に向かう道が交わる点にできるY字路

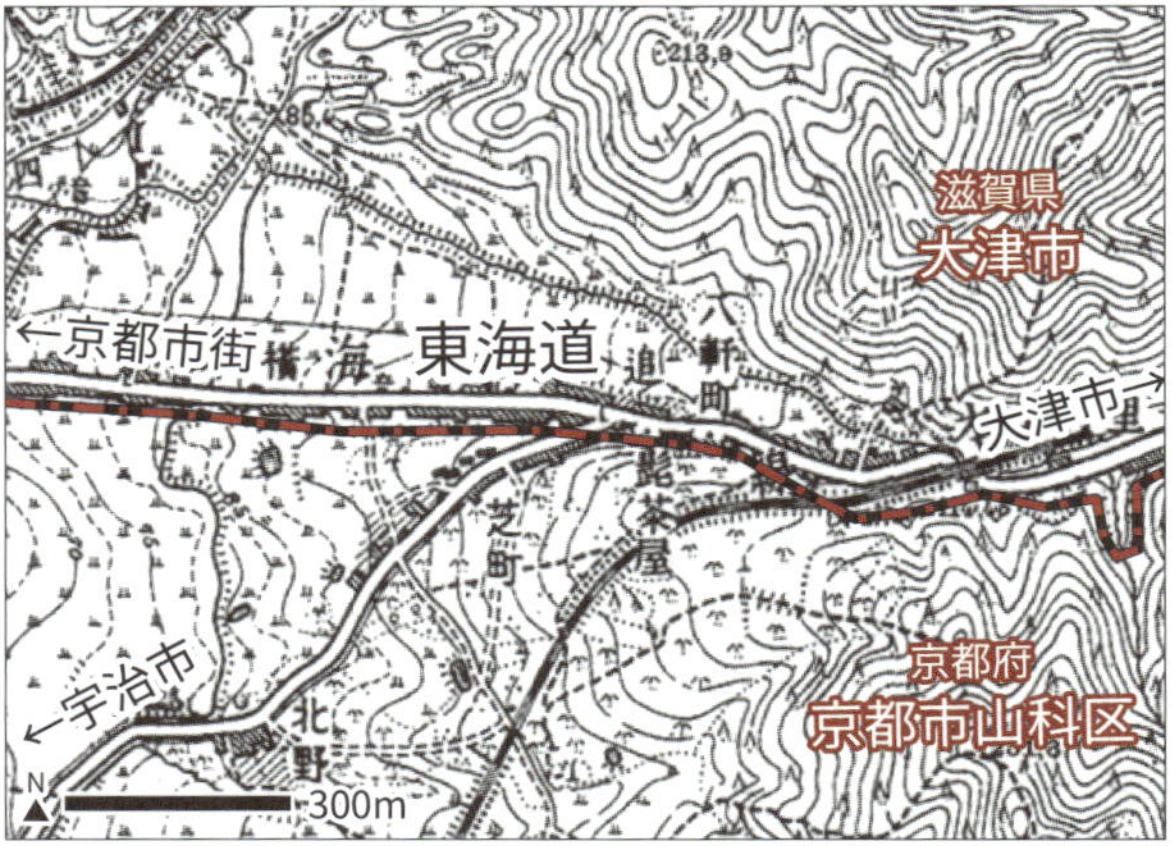

〈上〉写真1：髭茶屋追分。京都市山科区／〈下〉図1：髭茶屋追分。2万分の1正式図「膳所」（明治42年測図、大正元年発行）。行政区域は現在のもの

追分とは、街道の分岐点を指す言葉である。本郷追分（東京都）や美作追分（岡山県）など、全国各地に地域名を冠した「〇〇追分」という地名が残っている。そしてその多くはY字路である。

京都市山科区と大津市の境界には、髭茶屋追分と呼ばれる場所がある。ここは東海道と奈良街道の分岐路にあたり、Y字路の角には石の道標も建っている。よく車がぶつかるからか、黄色いクッションドラムも置かれている。

おもしろいのは、青と緑の2つの看板で、京都の位置が逆になっていることだ。右側の道は街道としては京都につながっているが、行政区域としては大津市を通っている。左の道は京都市山科区を通って宇治市へとつながっている。

追分は交通の要衝であるため、宿場が設けられていることもある。長野県軽井沢町の追分宿には、中山道と北国街道のY字路が存在する。滋賀県の草津宿にも東海道と中山道が分岐する草津追分があるが、こちらはY字路ではなくT字路である。

秋田市の金足追分には、羽州街道と男鹿街道が合流するY字路がある。その近くにはJRの追分駅もあり、こちらは奥羽本線と男鹿線の分岐駅となっている。いわば鉄路のY字路である。

一般的に「追分」と呼ばれるのは、比較的大きな街道の分岐点であることが多い。しかし、Y字路の分類としては、どこかへ向かうための道が鋭角に分かれるものは、無名の道であろうが新しい道であろうが、追分型Y字路と呼んで差し支えないかと思う。

参道型Y字路

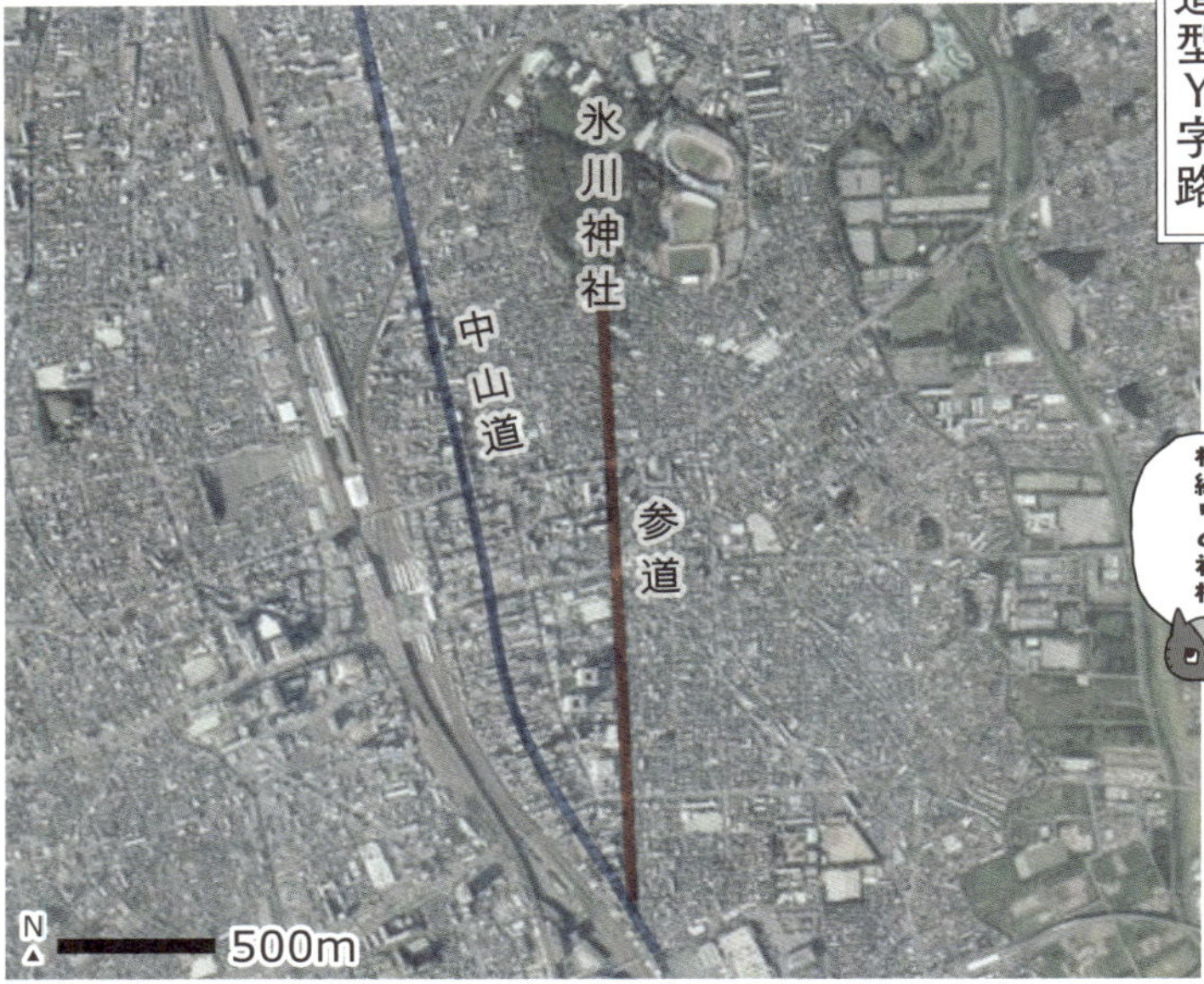

〈上〉図2：氷川神社。国土地理院 空中写真
〈下左〉写真2：呉服神社。大阪府池田市
〈下右〉図3：呉服神社。国土地理院地理院地図Vectorを用いて作成

Y字路のなかには、社寺への参道によって形成されるものがある。これを参道型Y字路と呼ぶ。参道は、たいてい近くの街道と社寺を結ぶように引かれる。最短距離で結ぶならば、街道に向かって垂直に線を引けばよいのだが、何らかの事情で斜めになることがある。

このタイプとして典型的なのは、さいたま市大宮にある氷川神社の参道である（図2）。神社から南方向に参道が伸び、中山道に対して斜めに接続している。一般に神社は南向きであることが多く、氷川神社でも本殿の向きに合わせたために、参道が中山道に対して垂直にならなかったと考えられる。また、江戸のある南方面から来る参詣者が多かったことも関係しているだろう。

なかには、どちらも参道になっているようなY字路もある。京都府宇治市にあるY字路では、鳳凰堂が有名な平等院と、地元の神社である縣神社の参道が合流している。参道型のY字路は鳥居や社銘碑が建てられていることが多く、しばしばシンボリックな景観を呈している。

ここでは参道型Y字路を街道系の下位分類としたが、参道のY字路は必ずしも街道沿いにできるわけではない。例として、大阪府池田市にある呉服神社を見てみよう（写真2、図3）。この神社の参道には2つのY字路があるが、これは街道との交点にできたものではなく、明治末期に開発された新興住宅街のグリッドが神社の参道と異なる向きに設定されたことで生まれたものである。

〈上〉写真3：徳島沖洲IC。徳島県徳島市／〈下〉図4：光善寺。国土地理院 淡色地形図

高速交通型Y字路は高速で走る自動車のように、直角には曲がれないスピードの乗り物のために曲がり角を鋭角にしたY字路を指す。

追分型や参道型とは異なり、徒歩利用を前提とした道には形成されない。基本的には近代以降の自動車道にのみ形成されるが、「異なる目的地に向かう道が交わる点にできる」点は共通するため、便宜上街道系に含めた。

最も典型的なのは、高速道路の分岐点にできるものである。高速道路では急に曲がることができないため、道路の線形は緩やかなカーブを描く。高速道路のカーブには、ドライバーがスムーズにハンドル操作を行なえるように徐々に曲率が大きくなる「緩和曲線」が採用されている。

数は多くないが、一般道においても高速交通型Y字路は見られる（図4）。その場合も、たいていは国道のような幹線道路に形成されている。ときには立体構造をなしていることもあり、高速道路の高架の下に一般道の高速交通型Y字路が見られるパターンもある。

高速交通型Y字路の角地は、たいてい殺風景である。角は緑地帯になっており、分岐部には長いゼブラゾーン（導流帯）が設定されていることが多い。ショックプロテクター（車両用衝突緩衝装置）やブリンカーライト（障害物表示灯）が置かれていることもある。

高速交通型Y字路は交通を処理することに特化しているため、鑑賞には向かない。そもそも、立ち止まれないのでじっくり鑑賞する余裕もない。ある意味、Y字路の極北と言えるかもしれない。

3 地形系Y字路

——地形の起伏によって生まれるY字路

立体Y字路
大成ビル・3
映画『君の名は。』の舞台になった須賀神社の近く

写真4：四谷の立体Y字路。東京都新宿区

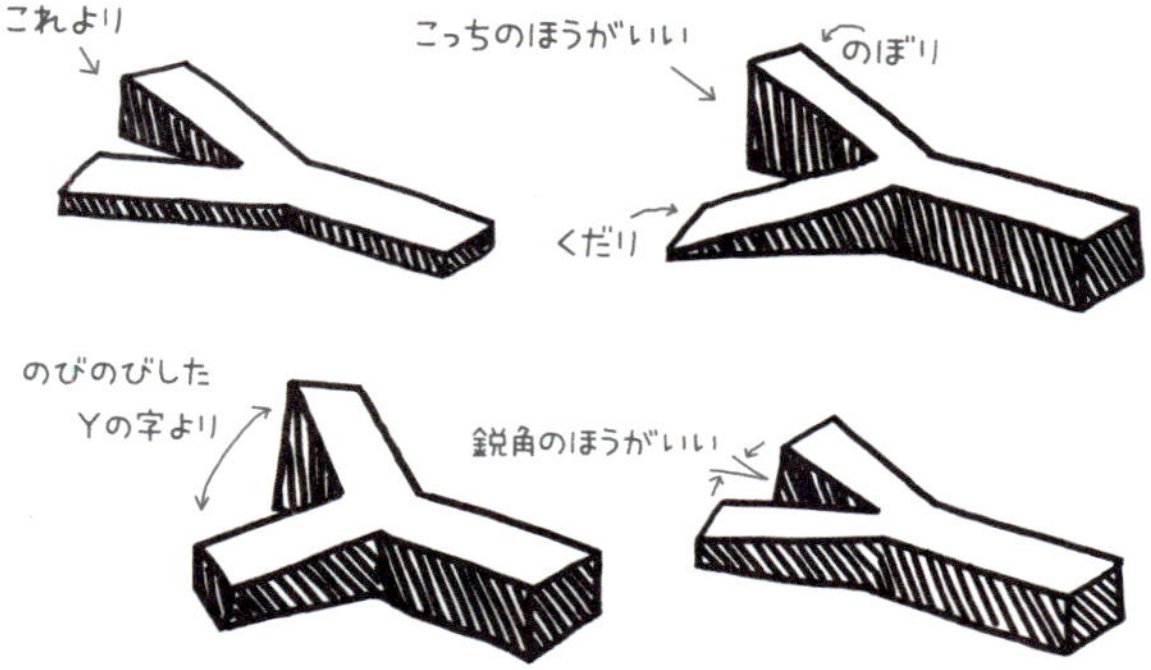
これより
こっちのほうがいい
のぼり
くだり
のびのびしたYの字より
鋭角のほうがいい

図5：理想的なY字路（提供＝大山顕）

地形系Y字路のなかで最も典型的なのが、立体Y字路である。左右の道がそれぞれ標高の異なる地点に向かって伸びているために、左右で勾配差が生まれたY字路である。台地の端や山裾にできることが多い。

「立体Y字路」という名前は、私の命名ではない。おもしろコンテンツサイトとして有名な「デイリーポータルZ」に掲載された、写真家の大山顕による記事「理想的な『立体Y字路』を探して」が由来である。本書ではY字路の分類名は基本的に「○○型」としているが、この類型のみはすでにある用語を優先し、「立体Y字路」とする。

2016年に掲載されたこの記事において、大山氏が「暫定最高の立体Y字路」としたのが、四谷にある写真4のY字路だ。片方が上り、片方が下がるという勾配差や、角度の鋭さ、そしてそれによって生まれる残余地の豊かさなど、Y字路の愛おしさが詰まったような風景だ。

大山氏は、どんな立体Y字路が良いかを図5のように説明している。左右の道の勾配差は大きいほうが望ましく、そして角度は鋭いほうが望ましい、と。勾配差については同意するが、角度に関しては私は違う意見を持っている。第二章の6で述べた通り、あまりにも角度が小さすぎると、建物は建たず、残余地利用としても寂しくなってしまう。個人的には、30~50度ほどの適度な鋭さが好みである。

立体Y字路はその性格上、角オブジェには乏しくなりがちだ。角が坂道になるため、整地したり台を置かない限り、モノを置くのは難しい。上級者向けのY字路と言えるのではないだろうか。

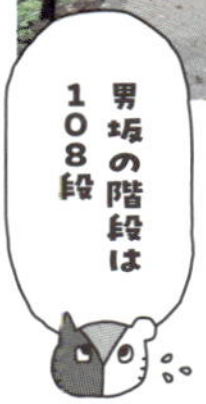

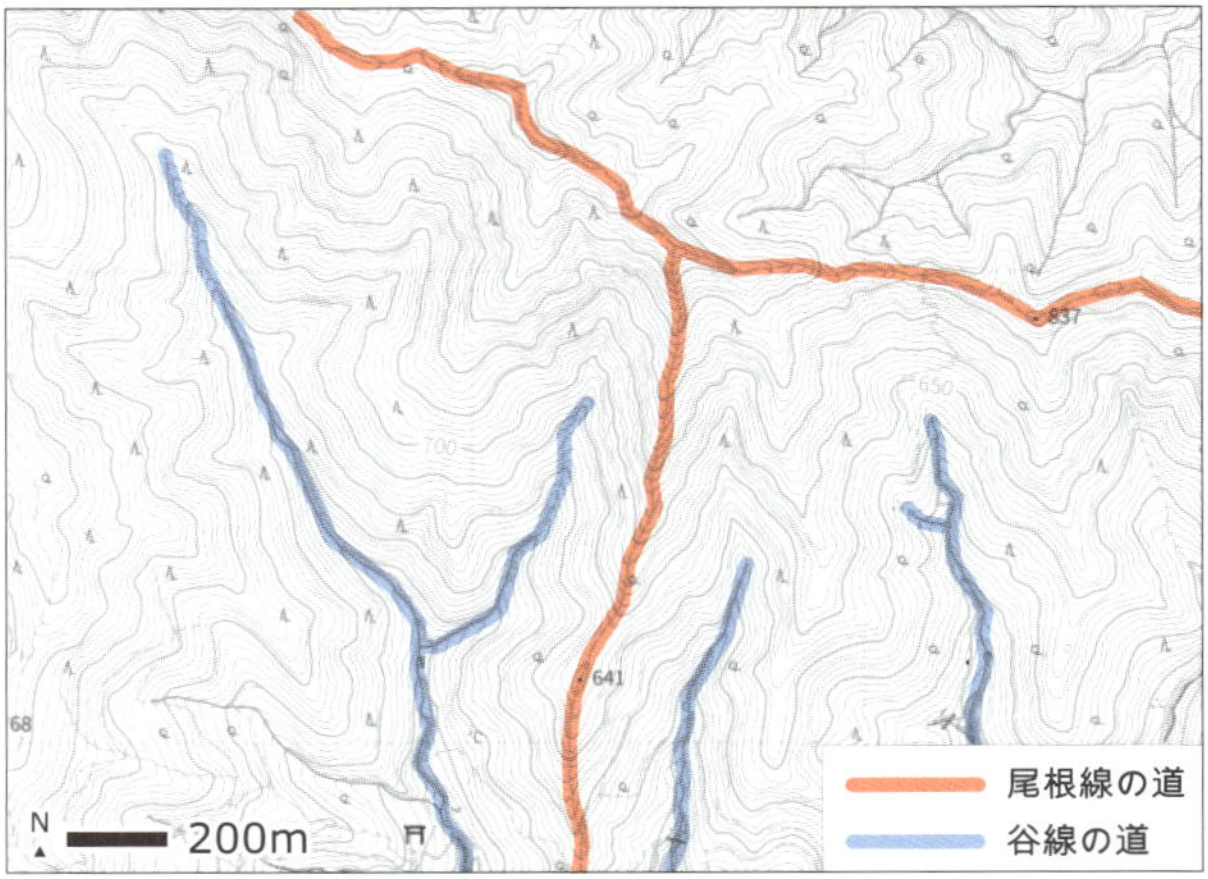

〈上〉写真5：高尾山。東京都八王子市
〈下〉図6：尾根線と谷線。国土地理院 標準地図

立体Y字路はどちらか一方が上りならば、もう一方は平坦ないし下りであることが多い。しかし、中には両方とも上りになっているようなY字路もある。これを両上がり型Y字路と呼ぼう。

高尾山（東京都八王子市）の参道にあるY字路（写真5）はその例で、左は男坂、右は女坂と呼ばれている。男坂は傾斜が急な階段に、女坂は緩やかな坂道にすることで参拝者の便宜をはかったものである。このように男坂と女坂を設ける社寺は少なくない。

ちなみに、この写真を撮る直前には、高齢の男性とその娘と思しき女性がどちらから登るかを話し合っていた。男性は男坂のほうを登ろうとしていたが、「絶対大変だからこっちにしましょう」と娘（？）に説得され、結局は2人とも女坂のほうを登っていった。Y字路での1コマである。

両上がり型があるならば、両下がり型Y字路も存在する。巻頭写真P. 2のY字路は、東京の目白台にある、日無坂と富士見坂の合流地点である。一目で惹き込まれるそのヴィジュアルから、ドラマやアニメの舞台としてもよく用いられる。

山の地形を等高線で見たとき、山頂から凸に出っ張っている部分が尾根、凹にへこんでいる部分が谷である。自然河川はたいていの場合Y字に合流するので、谷線沿いの道はY字路になることが多い。したがって、川の合流地点には両上がり型Y字路ができやすい。同様に、尾根線沿いには両下がり型Y字路が形成されやすい（図6）。

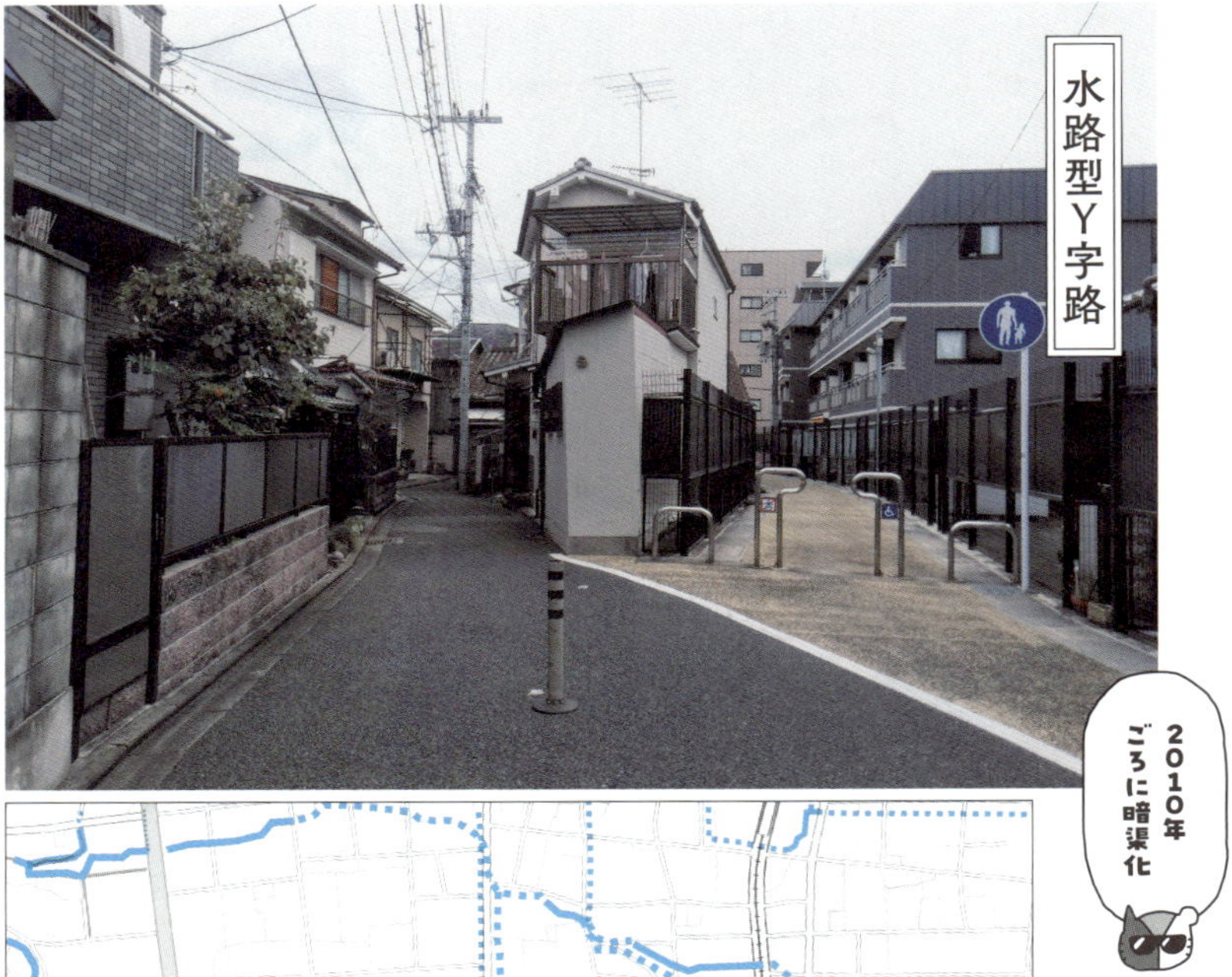

〈上〉写真6：養老田川。京都市右京区
〈下〉図7：長野。国土地理院 地理院地図Vectorを用いて作成

地形の制約を受けるという点では、河川や農業用水などの水路によって生まれたY字路も地形系Y字路の一種と見なせる。

水路型Y字路が目立つ都市として、長野を挙げたい。長野と言えば善光寺の門前町として発達してきた都市であるが、その中心市街地は実に複雑な街路網をしている（図7）。幹線道路はかなり崩れているとはいえ格子状の区画を形成しているが、その内側には斜めに蛇行した道がいくつも隠れている。

これらの蛇行路は、市街地西側を流れる裾花川から取水された用水路によってできたものである。用水路は長野の中心市街地を抜けたのち、近隣の村落（現在は宅地化した場所が多い）の田畑を潤している。長野一帯は江戸時代から渇水に悩まされてきた土地で、善光寺平用水と呼ばれる水路群が開発されてきた。

中心市街地の用水路は高度成長期以降に蓋をされ、多くが暗渠となった。その結果、かつての川筋の分岐点にいくつものY字路が生まれることとなった。駅前にこうした蛇行路が広がっているのが長野のおもしろいところで、Y字路の角に建つ居酒屋をいくつも目にすることができる。暗渠は道幅が狭く車にとっては通りづらいため、歩行者にも（泥酔者にも？）優しい道となっている。

水路型Y字路は、両下がり型Y字路ほど高低差は明瞭ではないが、谷線に沿って形成された点は共通している。水路の分岐をトレースするように形成されるため、角度もちょうど良い鋭角になっていることが多い。バランスが取れたY字路が最も生まれやすい類型なのではないかと思う。

4

開発系Y字路
――新しい道の開通や路線変更によってできるY字路

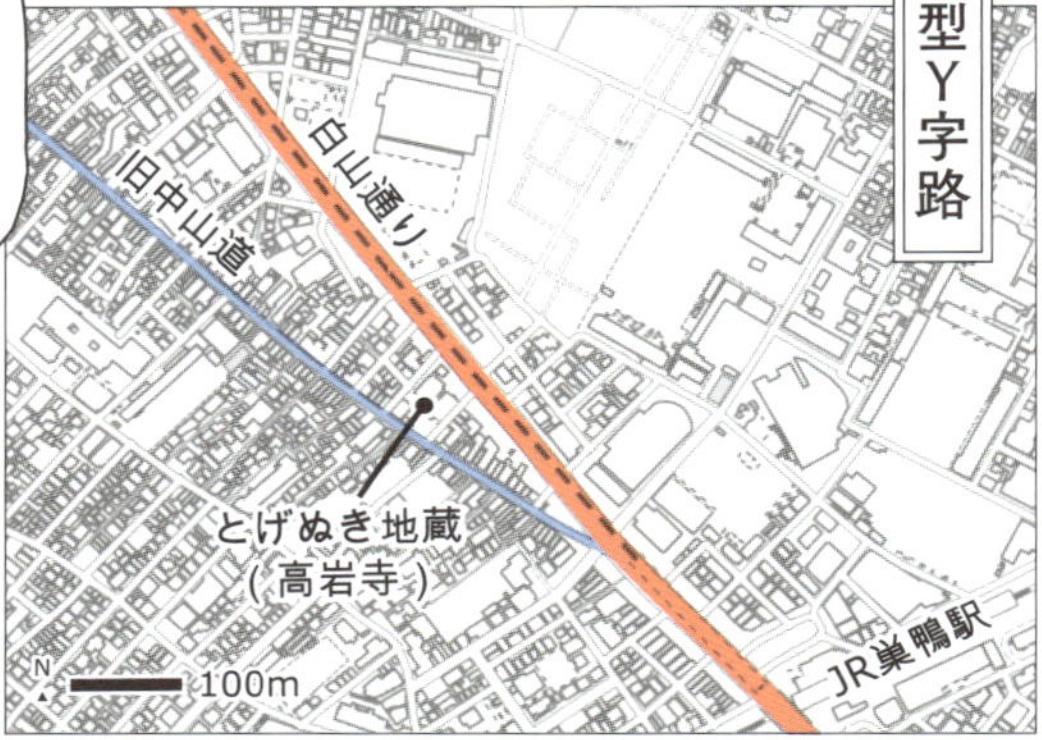

〈上〉図8：巣鴨。国土地理院 地理院地図Vectorを用いて作成／〈下〉写真7：二ノ瀬トンネルと旧道。京都市左京区

新道型Y字路とは、古くからの道とは別に新しい道が開通することによってできたY字路である。旧道が新道によって切り取られたような形態をなしており、Y字路の左右で景観の違いがはっきりしているのが特徴である。

古くからある街道は、幅が狭かったり曲がりくねっていたりするため、自動車用の新道が敷設されることが多い。例えば、とげぬき地蔵で知られる巣鴨地蔵通りはかつての中山道にあたるが、1931年に白山通りが開通したことにより、幹線道路の役割を譲ることになった（図8）。現在、新旧の道路が交わる地点には商店街のゲートが設置されている。

山間部に行くと、トンネルの脇に細い道が伸びていることがある（写真7）。かつては等高線に沿った細い道で十分だったが、自動車交通の増加に対応して車線を増やそうとした結果、トンネルが必要になったということだ。これも新道型Y字路の一例である。

新道型Y字路の特徴は、基本的にどちらの道を選んでも同じ方向に進むということだ。なのでどちらを歩いても問題はないのだが、新道型Y字路に出くわすと、私はつい旧道のほうに吸い込まれてしまう。古い道のほうが町並みが残っていて、たいてい車通りも少なく歩きやすい。

観光地になったような宿場町の近くには、新道型Y字路がよく見られる。新道が開通すると、開発の中心がそちらに移り、町並みが残される。逆に旧道を拡幅して幹線道路とした場合には、町並みは壊される。どちらが良いのかは、判断が難しい。Y字路をつくるか否か、それが町の運命の分岐点でもある。

食い違い型Y字路

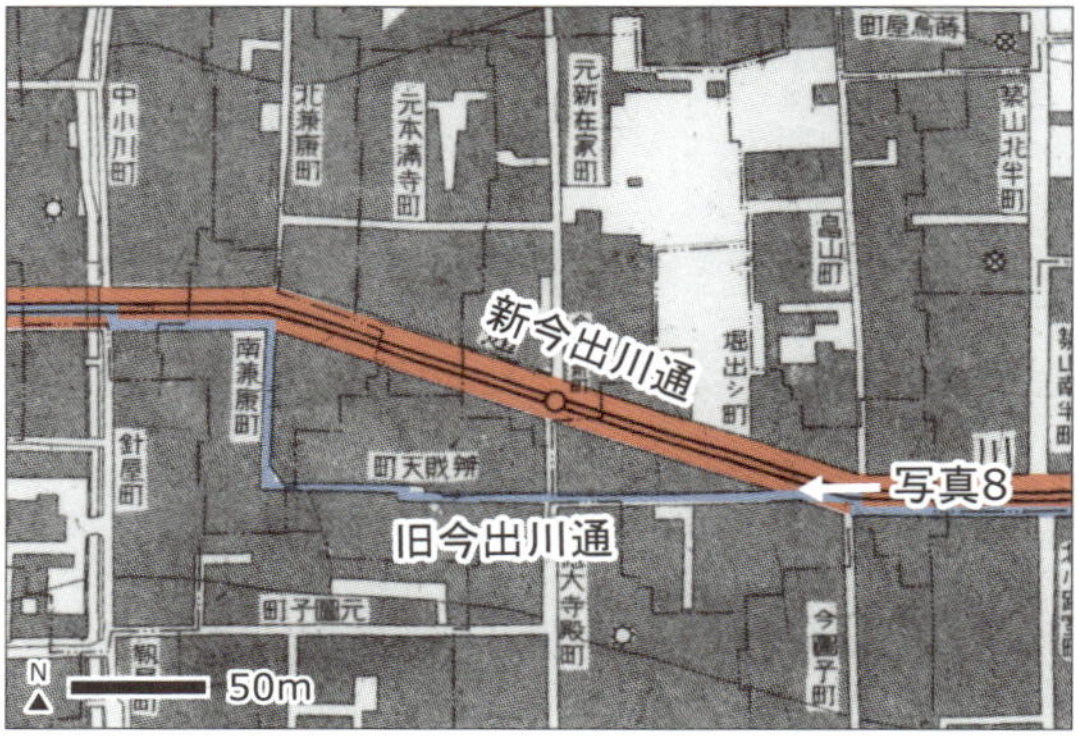

〈上〉写真8:旧今出川通。京都市上京区／〈下〉図9:今出川通。大正11年京都市都市計画基本図(近代京都オーバーレイマップより)の上に作図

城下町のような前近代からの都市では、十字路ではなく食い違いになった交差点が設けられていることがある。防衛のために設けられたものと説明されることが多いが、こうした食い違いは現代の道路交通においては支障が大きい。そこで、斜めに道路を引いてよりスムーズに通過できるよう工事がなされることがある。こうしてできるのが食い違い型Y字路である。

写真8は京都市上京区にあるY字路である。右側の道は今出川通という幹線道路であるが、これは大正時代に市電の開通と同時に引かれた新しい道である。それ以前は、左側の道が今出川通であった。地図で見ると、旧今出川通は途中で曲がっており、市電を通すには斜めに新しい道をつくるしかなかったことがうかがえる（図9）。

旧今出川通を歩くと、古い看板を掲げた酒屋や町内で祀られる地蔵などがあり、ここが昔からの道であることが感じられる。一方、新今出川通は既存の敷地を切り取るようにして開通したため、沿道には敷地面積の狭い店舗が並んでいる。どちらもユニークな景観だ。

食い違いを解消したことで生まれる敷地は、たいてい土地としては使いづらく、ただの植え込みになっていることも多い。第二章で紹介した「空き地」（P.70）は、いずれも食い違い型のY字路だ。こうなると、「Y字路感」はなくなってしまう。

貫通型Y字路

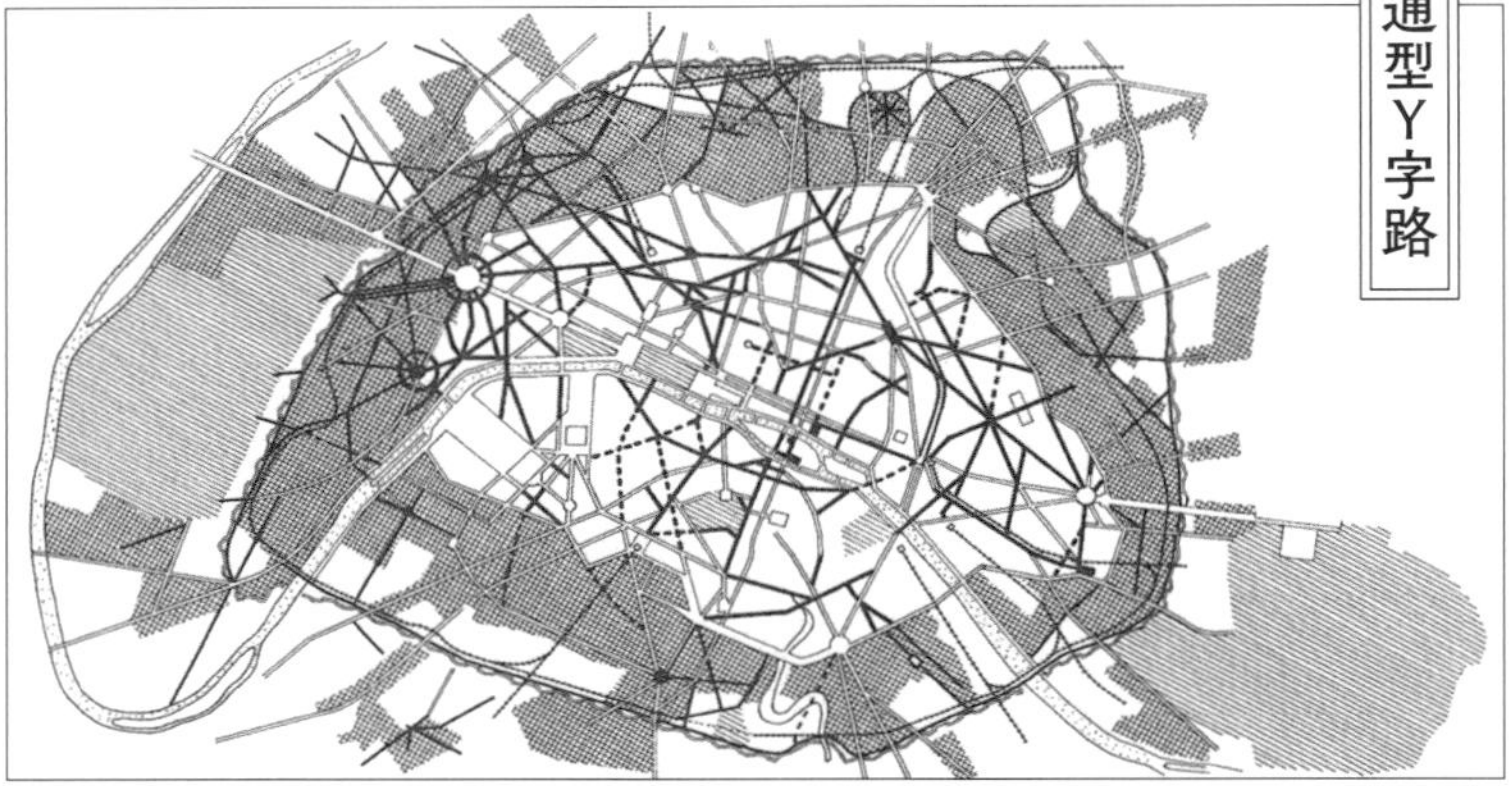

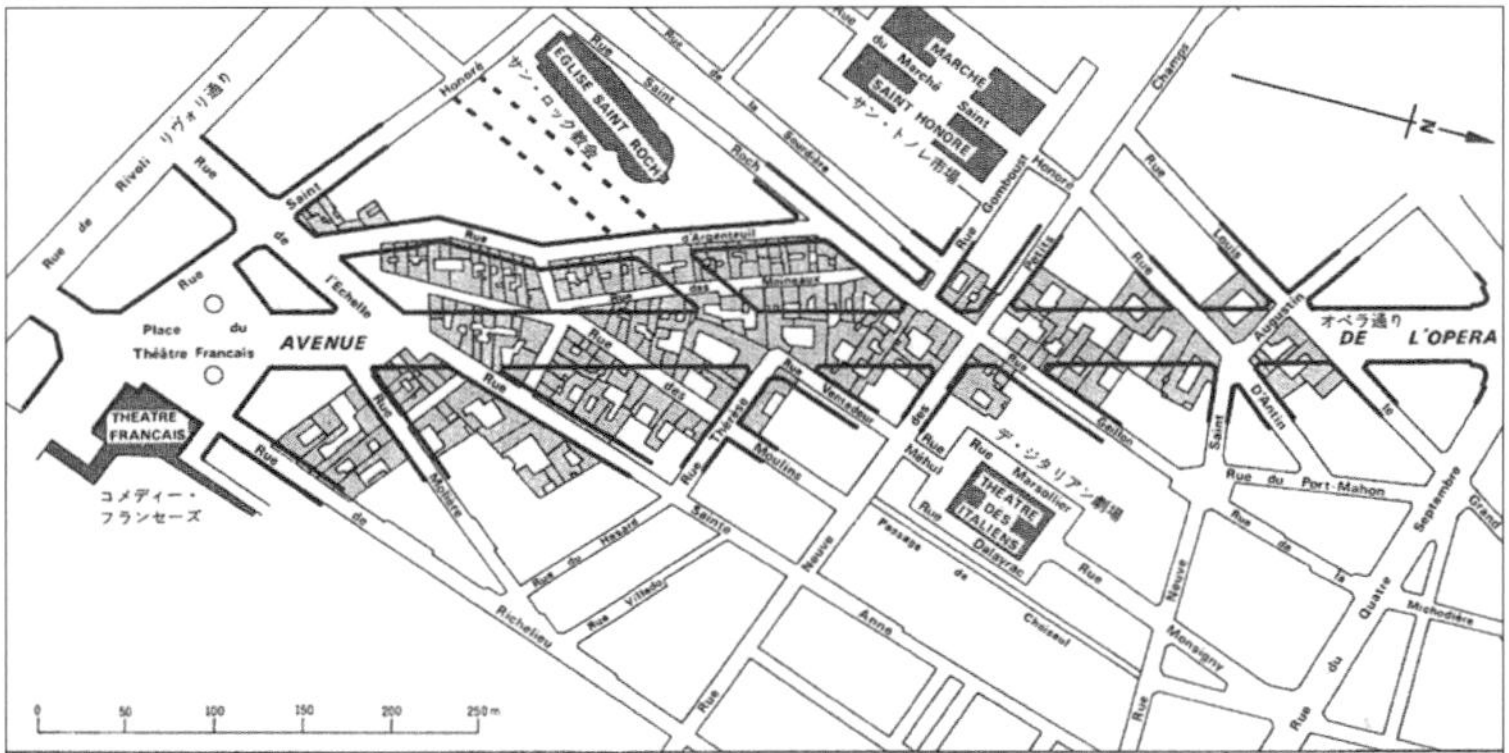

〈上〉図10：パリ市街図
〈下〉図11：オスマンの都市改造計画図。
ともに出典＝レオナルド・ベネーヴォロ『図説 都市の世界史4』
（佐野敬彦・林寛治訳、相模書房、1983）

新道型と食い違い型は、既存の道路を踏襲するかたちで道が引かれてできるY字路であるが、ときにはまったく既存の道路とは無関係に道が引かれることもある。既存の街区を貫通するかのように道路が引かれることでできるY字路を、貫通型Y字路と呼びたい。

貫通型Y字路が発生しやすいのは、鉄道が引かれるときである。鉄道は離れた都市同士を結ぶ交通路であり、その中間にある集落の街路網などは考慮せずに引かれることが多い。すると、線路沿いには線路に沿った道と既存の街路網が鋭角に交わるY字路が発生する。

貫通型Y字路の極地とも言えるのが、パリの街路網だ(図10、11)。19世紀のパリでは、セーヌ県知事のオスマンの下で大規模な都市改造が行なわれた。この都市改造では、市街各所の広場を起点にいくつもの斜交街路が新たに開かれた。その結果、パリにはいくつもの鋭角な交差点が出現した。

この都市改造では、新たに開く街路だけでなく、その周辺の土地も収用する「超過収用」の手法が取られた。これにより、新街路沿いには統一されたデザインの建物が軒を連ねることになった。そのため、パリのY字路は貫通型でありながら均整の取れた美しい風景を見せている。ただし、パリは例外的なパターンであり、たいていの場合は不自然に建物の断面が露出するような景観が生まれる。貫通型Y字路は都市の傷口なのだ。

5 グリッド系Y字路

——格子状街路のゆがみによって生まれるY字路

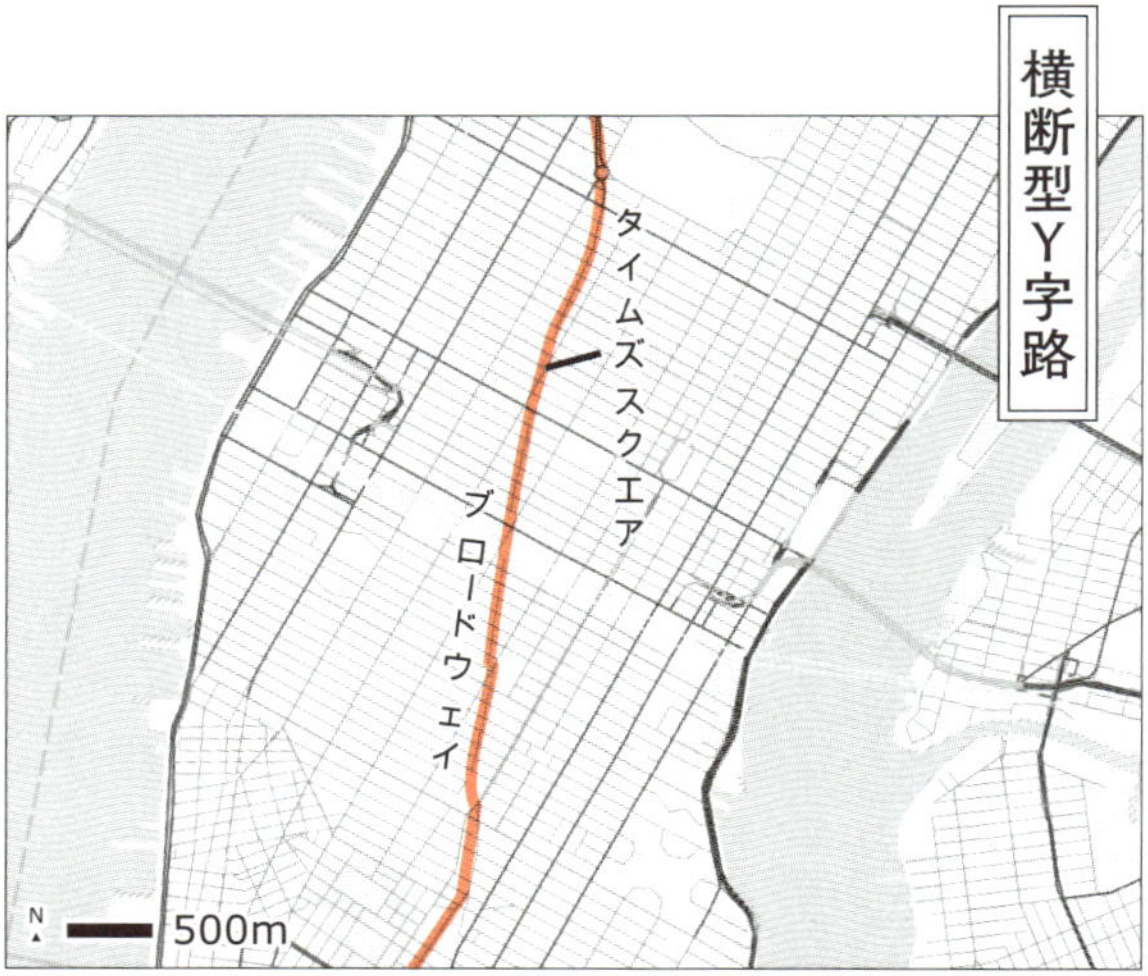

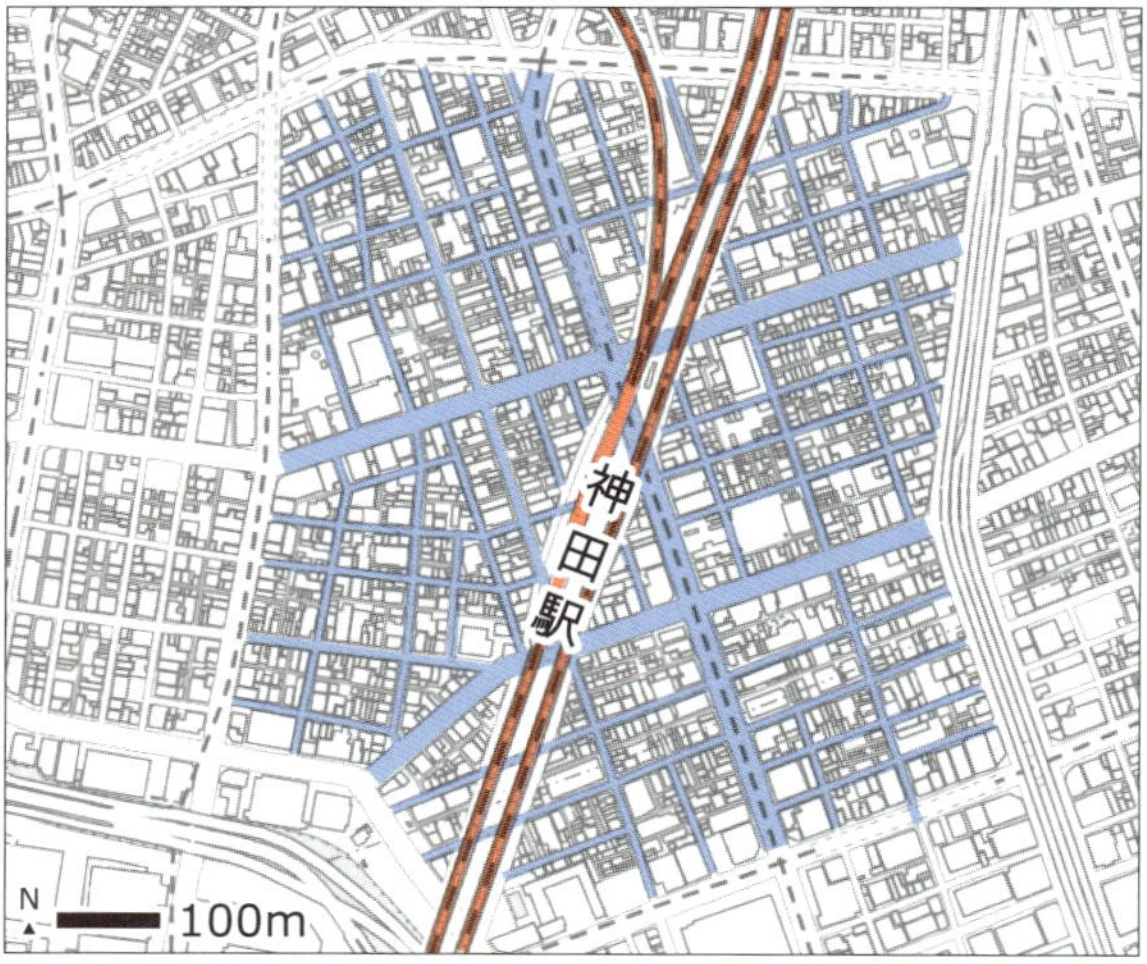

〈上〉図12：ニューヨーク。Open Street Mapを用いて作成
〈下〉図13：神田。国土地理院 地理院地図Vectorを用いて作成

グリッドのゆがみとしてわかりやすいのは、内部に斜めの道が通っているようなタイプである。格子街路を河川や鉄道などが横断することによってできたY字路を、横断型Y字路という。横断型Y字路は、横断物がグリッドより先にあるタイプ（横断物先行型）と、後から横断物ができるタイプ（グリッド先行型）の2つに分けることができる。

横断物先行型の例としてわかりやすいのは、ニューヨークのブロードウェイである（図12）。ブロードウェイのルーツはアメリカ先住民が使っていた道であり、ニューヨークにグリッド状の都市計画街路が引かれてからも、唯一斜めの道として残されることになった。

かのタイムズスクエアも、ブロードウェイがつくった三角地に立地している。世界で最も有名なY字路ではないだろうか。ブロードウェイ沿いにはほかにも、ヘラルド・スクエアやワース・スクエアなどいくつもの三角広場が存在している。

グリッド先行型は、先に紹介した貫通型Y字路の一種と見なせる。特に多いのは鉄道が横断するタイプで、都内ではJR山手線の神田駅周辺が該当する（図13）。江戸の町人地の中心部にあたる神田は、正南北から20度ほど西に傾いたグリッド状の町割りが形成されている。これに対して鉄道は斜めに引かれており、その結果いくつものY字路が生まれている。

グリッド系Y字路の特徴は、同じ角度のY字路がいくつも生まれる点である。同じ形成過程で生まれた同じ角度のY字路であっても、その容貌はY字路ごとに実に多様だ。その差異を楽しむのもおもしろい。

放射路型Y字路

横断型Y字路は、どちらかといえば止むをえず生まれたY字路である。一方、意図的に創出されるY字路もある。それが放射路型Y字路である。これは、グリッド状街路のなかに計画的に斜めの道を通したことによって形成されたY字路である。

グリッドは都市計画の基本パターンであるが、斜め移動がしづらいという欠点を抱えている。そのため、グリッドと放射状街路を併用するパターンがいくつかの都市で採用されてきた。アメリカの首都として建設された計画都市、ワシントンD.C.はそのひとつである（図14）。

日本では、帯広（北海道）や国立（東京都）など、いくつかの都市でグリッド&放射パターンが用いられている（図15）。ただし、帯広の場合は北海道という土地柄もあって斜交街路や沿道の建物がかなり空間的ゆとりを持って設計されており、Y字路らしいY字路はほとんどない。一方、国立の場合は敷地ギリギリまで建物が建てられている箇所が多く、Y字路観察という点ではこちらのほうが嬉しい。

グリッドと放射街路という点では、八王子（東京都）も似た街路パターンを持っている。しかし、八王子の場合は、戦災復興土地区画整理事業において、旧市街地に後から斜交街路を通しており、計画都市である帯広や国立とは成立過程が異なる。形成プロセスからすれば、横断型というべきであろう。

重要なのは、グリッドと放射路が組み合わさることではじめてY字路が生まれるということである。

放射路を用いた都市計画であっても、田園調布のような環状街路に放射路を通すプランの場合、Y字路は生まれない（図16）。これでは嬉しくない。いや、都市計画の目的はY字路をつくることではないのだが……。

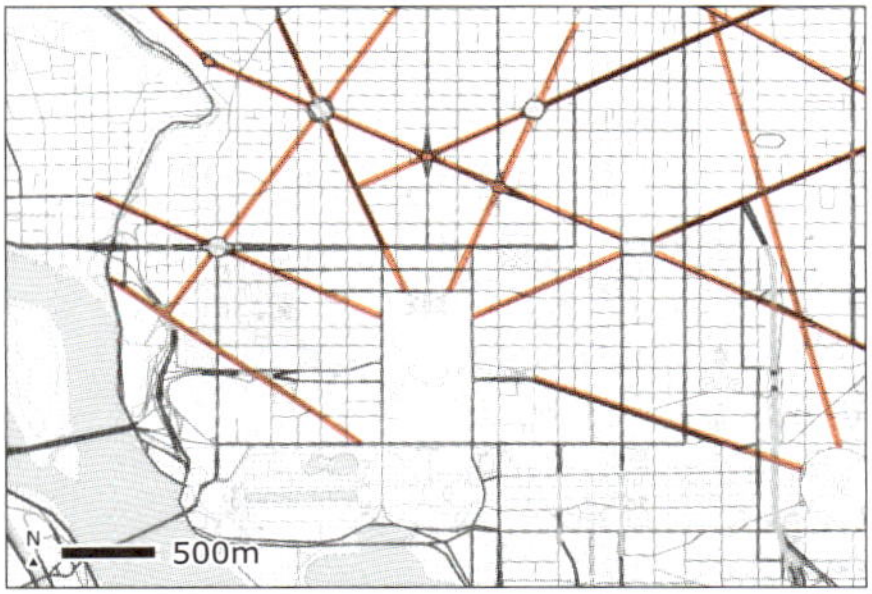

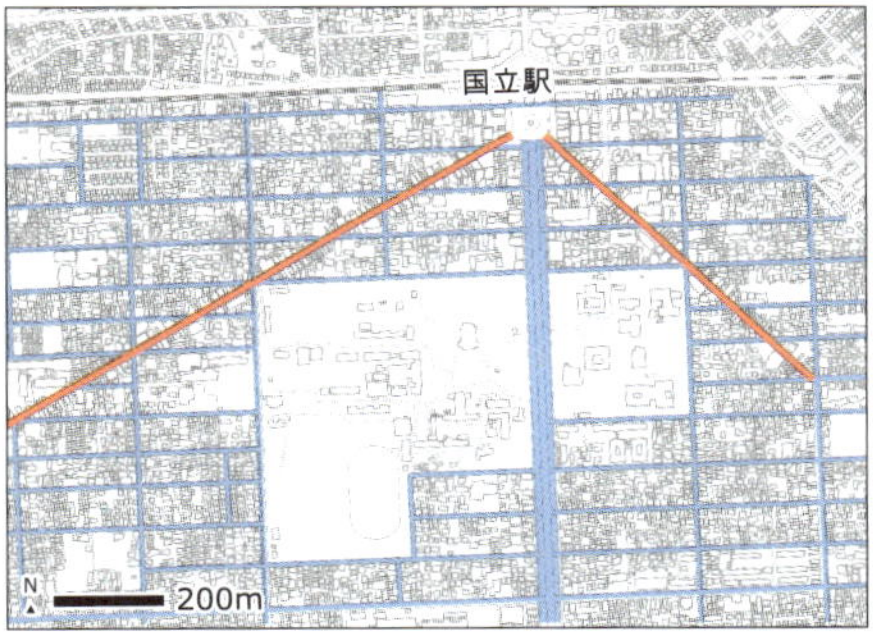

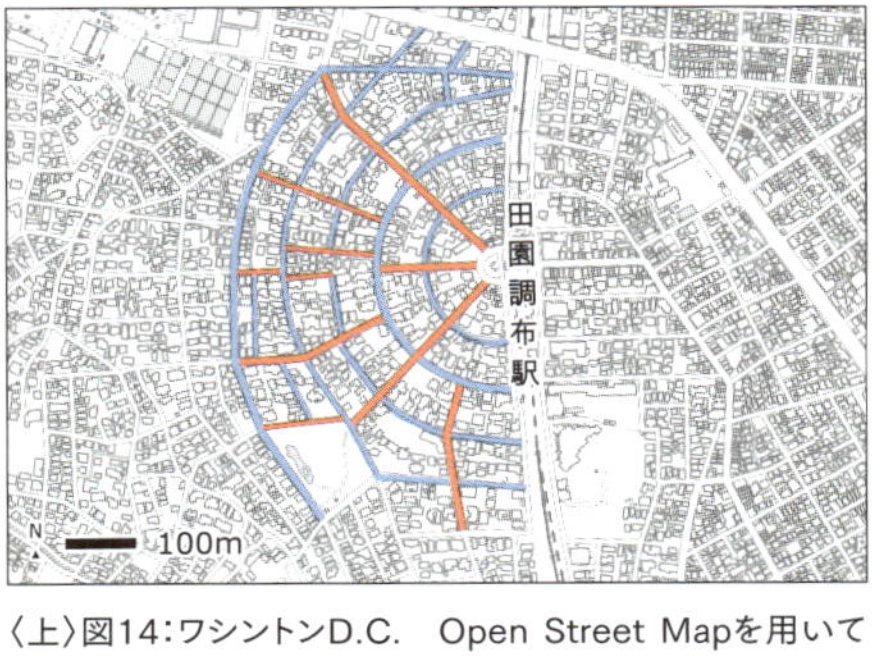

〈上〉図14：ワシントンD.C.　Open Street Mapを用いて作成／〈中〉図15：国立。国土地理院 地理院地図Vectorを用いて作成／〈下〉図16：田園調布。国土地理院 地理院地図Vectorを用いて作成

境界型Y字路

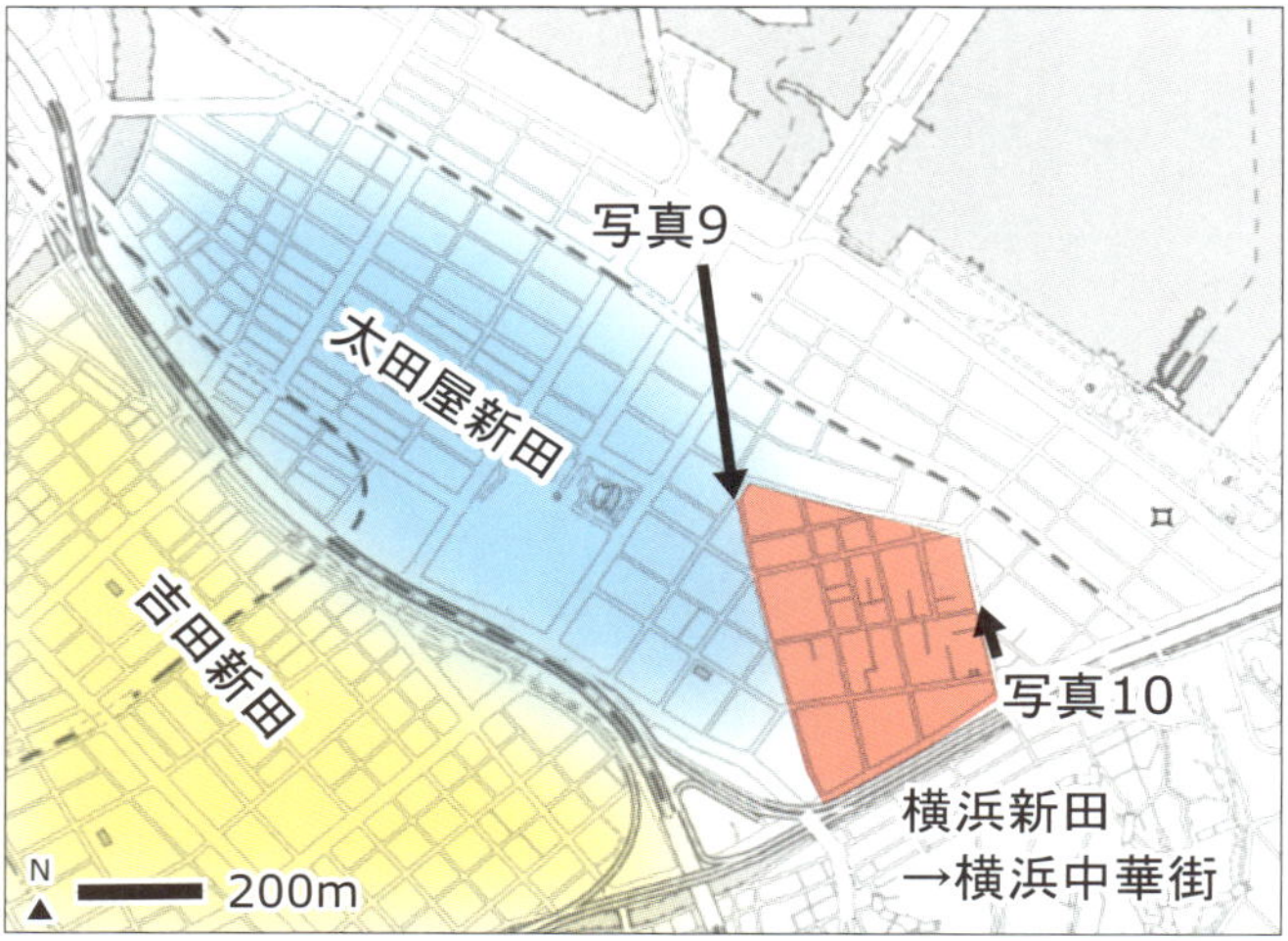

〈上〉図17：横浜。国土地理院地理院地図Vectorを用いて作成／〈中〉写真9：洗手亭。横浜市中区〈下〉写真10：招福門（現在は閉店）、横浜市中区

境界型Y字路とは、角度の異なるグリッド同士の接触地点に生じるY字路である。「線」によって形成される横断型・放射路型とは異なり、境界型は「面」と「面」の関係によって生まれる。

境界型の例として、横浜中華街を見てみよう。横浜中華街はグリッド状の街区からなるが、その向きは周囲のエリアとは異なる（図17）。そのため、中華街と他のエリアの境界付近に、いくつものY字路が形成されている。角地には中華風の洗手亭（トイレ、写真9）が設置されており、中華街らしい景観の形成にY字路が一役買っている。横浜中華街はなぜ傾いているのか。中華街ならば風水が関係しているのかと思いきや、そうではない。

幕末に開港した横浜の中心市街地は、江戸時代の新田開発でできた土地の上に造成された。JR根岸線より北側の関内地区は太田屋新田、南側の関外地区は吉田新田、中華街は横浜新田という新田の範囲に相当する。造成の際、太田屋新田と吉田新田は港を基準に新たにグリッドを引いたのに対して、横浜新田では既存の地割を残したまま中華街の造成が行なわれた。

なぜ中華街だけ地割を残したのか。横浜開港資料館の伊藤泉美は、次のような説を提唱している。他の2つが個人による開発だったのに対し、横浜新田は横浜村民が共同で開発した新田だった。開港時、幕府は横浜村の土地を召し上げ、立ち退き金と保証金を与えた。その額は土地面積から算出されたため、もし地割を変えてしまうと、その計算が困難になる。だから地割が残されたのではないか。

中華街の地割は、新田の名残であった。Y字路は、数少ない横浜村の痕跡なのかもしれない。

Y字路分類図

形成環境による分類

地形系Y字路

地形の起伏によって生まれるY字路
●坂や階段が魅力

両上がり・両下がり型

どちらも上がっているもしくは下がっているタイプ。谷線や尾根線に沿って生まれることもある。

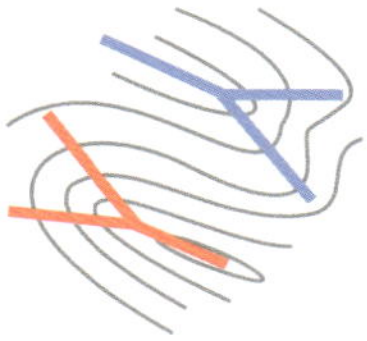

立体Y字路

等高線に沿った道から登る、もしくは下る道が伸びているタイプ。

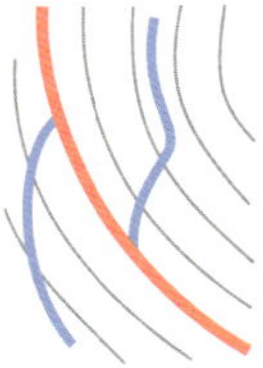

水路型

河川や農業用水、暗渠などによって生まれるタイプ。横断型の性格を持つ場合もある。

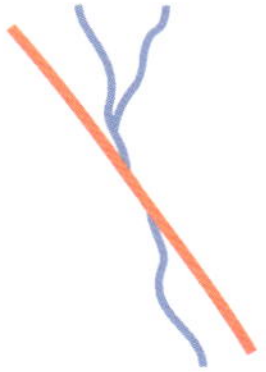

グリッド系Y字路

格子状街路のゆがみによって生まれるY字路
●計画都市に発生する
●同じ角度のY字路がいくつも生まれる

放射路型

格子状街路と斜交路の組み合わせでできたY字路。

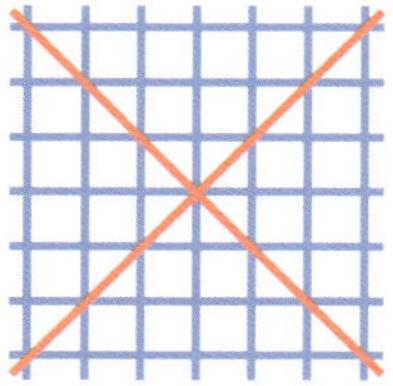

横断型

方格街路を斜交路、河川、鉄道などが横断しているタイプ。

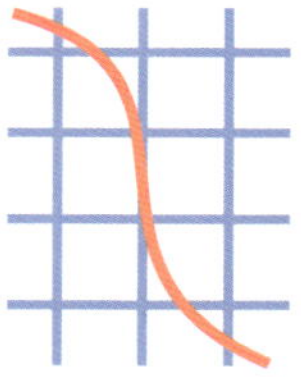

境界型

角度の異なる格子状街路の接触地点に生じるタイプ。

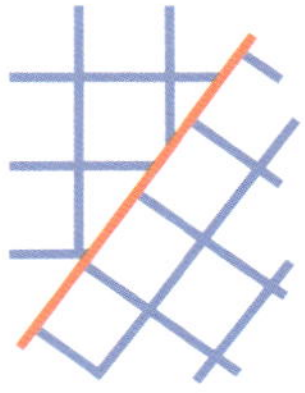

街道系Y字路

異なる目的地に向かう道が交わる点にできるY字路
●道標、祠、社銘碑などが置かれていることが多い

参道型

社寺などに向かう参道の分岐点に生まれるY字路。

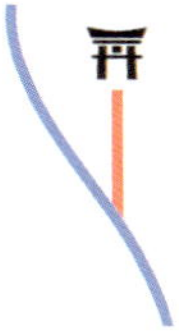

追分型

街道が分岐するタイプ。角に道標や地蔵が立っていることが多い。

高速交通型

高速道路の分岐点などにできるY字路。交通整理に特化した形態をなす。

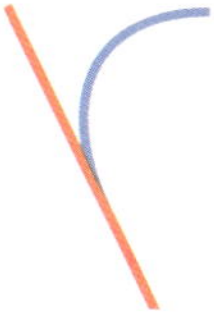

開発系Y字路

新しい道の開通や路線変更によってできるY字路
●左右の道の景観が大きく異なる
●鋭角な建物が建つことが多い

食い違い型

食い違いを解消するために斜めの道が新たに設けられてできるY字路。

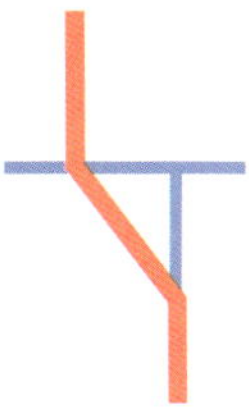

新道型

古い道と同じようなルートを通る道が新たに開通したタイプ。

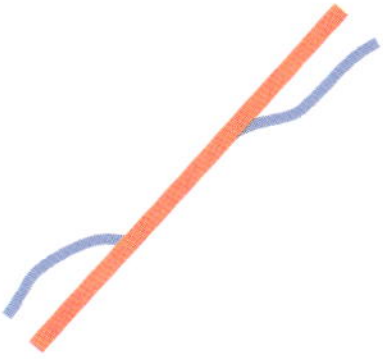

貫通型

既存の道路とは無関係に引かれた道によって生まれるY字路。

コラム③

古代のY字路遺跡

〈上〉武蔵国分寺参道口跡、東京都府中市
〈左〉追武蔵国分寺跡全体図。武蔵国分寺跡資料館パンフレットを参考に作成

当然ながら、Y字路には無くなってしまったものも存在する。

東京都府中市のある公園の一角には、「武蔵国分寺参道口跡」という遺跡がある（写真）。地面には薄っすらと道の分岐が描かれており、いわば「Y字路の遺跡」と言える場所だ。

国分寺とは、奈良時代に聖武天皇によって律令制の各国ごとに創建された寺院である。国分寺の創建時には、尼寺として国分尼寺も同時に創建された。

「武蔵国分寺参道口跡」は、武蔵国分寺への道と武蔵国分尼寺への道との分岐地点である。この道を南東（写真でいう下方向）へ行くと、武蔵国の政治の中心である武蔵国府にもつながる。歴代の武蔵国司は、このY字路をたびたび通ったことであろう。

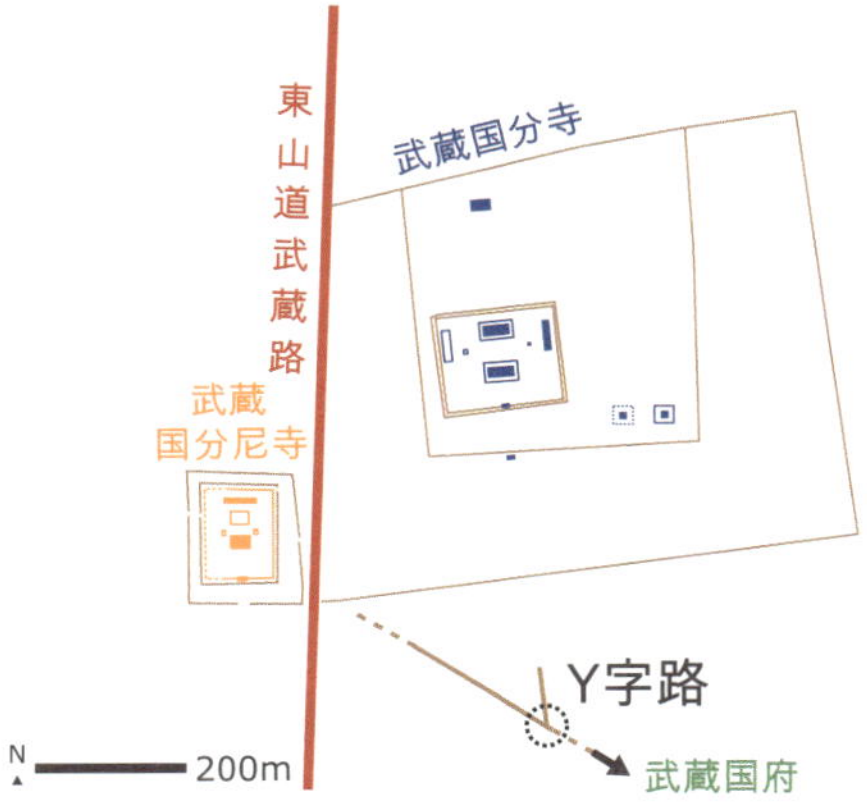

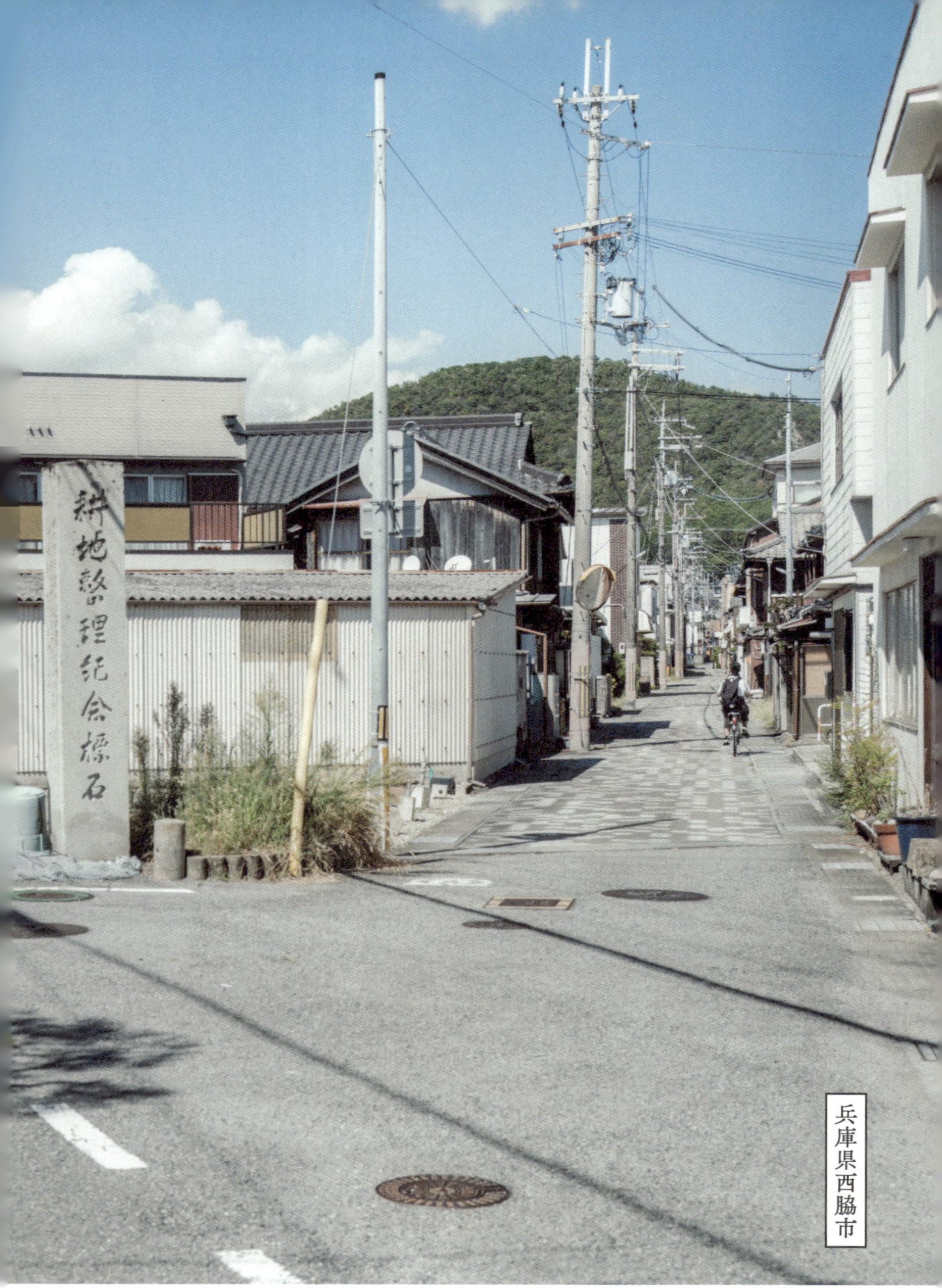

兵庫県西脇市

第四章　Y字路が生むストーリー——表象の目

1　選択・迷い・別れ――Y字路の歌

この章では、Y字路を「表象」という観点から分析する。Y字路はどのように経験され、どのようなものとしてイメージされているのだろうか。

まず、音楽におけるY字路について考えてみよう。歌詞検索サイトを使って、歌詞に「Y字路」が含まれる曲をリストアップしてみた。次の一覧は、それぞれどのような意味合いでY字路が使われているかによって分類したものである（曲は一部のみ掲載）。

人生の選択・迷いを歌うもの

①SURFACE WARM「Y字路」（２００３）
「そしてY字路に戸惑って　誰かの背中追いかけ」
②ももいろクローバーZ「DNA狂詩曲」（２０１２）
「人生…それは死ぬまでのY字路」
③小林幸子「Y字路」（２０１６）
「人生のY字路で　ああ　迷いに迷って　誰もみな　人生のY字路で　ああ　間違えるもの」

④モーニング娘。'18「Y字路の途中」(2018)
「Y字路の途中　濃い霧のなかで どっちを選べばいいか さぁ、決める時が来た」
⑤桐生ちあり「ファーストペンギン」(2020)
「あたし泣いてばっかだった　けどY字路を左へと進むよ　海が見える」
⑥斉藤恵「愁い」(2022)
「出会ったことないY字路　一人きりで迷ってしまった」

2人の別れ

⑦茅原佑介「Y」(2021)
「停止することすらできずに　僕を乗せた車は進み続けて　Y字路へと」
⑧ナカムラマユ「Y字路」(2022)
「グレーも真ん中もない　Y字路で立ち止まる僕ら」
⑨Kaoruko & Stones Taro「Y」(2023)
「Y字路で'sayonara'　また会えるかな」
⑩ミヤマテツオ「Y字路からのプロローグ」(2023)
「始まりはいつだって　Y字路に佇んで「せーの」でと踏み出した　ボクら別の道を」

その他

⑪勝手にしやがれ「オーヴェール・ブルー」（２００５）

「地図も何もないまま ぅねる糸杉の道はＹ字路」

⑫世田谷ピンポンズ「トロワ・シャンブル」（２０１８）

「Ｙ字路を先に行ったら階段を上る 階段を上ったら奥のドアへ入る」

⑬大森靖子「ANTI SOCIAL PRINCESS」（２０２０）

「乙女フェティシズム　Ｙ字路垂れ流せ　カオス グロテスク 人生はイリュージョン」

⑭JONI JTS & DON ESKARR「Mind Return」（２０２２）

「また来たＹ字路　この世にはない桃源郷」

最も多いのは、人生の選択や迷いの象徴としてＹ字路が用いられているものだ。おそらく、多くの人はＹ字路というとこのイメージを持っているのではないだろうか。②ももいろクローバーＺや④モーニング娘。といったアイドルに加えて、あの小林幸子も「Ｙ字路」というそのものズバリなタイトルの曲をリリースしている（③）。

たいていの曲はＹ字路をどちらに進むか迷っているが、⑤桐生ちあり「ファースト ペンギン」（２０２０）のみは、「左へと進むよ」と歌っている。今回探した曲の中で歩く方向を明示していたのは、この曲のみであった。

次に多かったのは、2人の別れの場面でY字路が登場する曲である。それまで一緒に歩んできた2人が、別々の道へ進む。その象徴としてY字路が用いられている。中には、Y字路を前にして立ち止まるのみという曲もあった（⑧）。

また、数は少ないが、選択や別れのメタファーではない情景描写としてY字路が登場する曲もある（⑪⑫）。もしかすると何らかの意味が込められているのかもしれないが、読み取るのは難しい。⑬大森靖子「ANTI SOCIAL PRINCESS」（2020）に至っては、「Y字路垂れ流せ」ときた。いったいどういう意味なのだろうか。

2　時間の空間化――Y字路のマンガ・アニメ

次に、マンガやアニメに登場するY字路を見てみよう。こちらは網羅的に扱うことは難しいので、目についた事例をいくつか取り上げる。

Y字路が象徴的に使われている作品として有名なのは、『時をかける少女』（2006）だ。この作品は、時を巻き戻す「タイムリープ」の能力を身につけた女子高校生・真琴の青春を描いたアニメ映画で

〈左〉図1:『時をかける少女』のY字路 ©「時をかける少女」製作委員会2006
〈右〉図2:央伸『Y字路交差点』1巻

ある。真琴が千昭、功介という2人の男友達と学校から帰るシーンにおいて、Y字路が何度も登場する。

また、『Y字路交差点』というタイトルのマンガも存在する。こちらもやはりタイムリープをモチーフにしたオムニバス作品だ。登場人物たちは時を巻き戻し、人生における重要な選択をやり直そうとする。その象徴としてY字路が用いられている。

Y字路とタイムリープが結びつくのはそう不思議なことではない。過去から未来へという時間軸は、人間にとっては想像が難しい。そのため、人は「道」という空間に置き換えることで時間の流れを理解しようとする。「あり得たかもしれない別の未来」は、Y字路におけるもうひとつの道としてイメージされる。Y字路とは、時間の空間化なのである。

これをT字路と比較してみよう。分かれ道を、後ろから前へと進む時間軸として見た場合、Y字路は分かれた後も前に進むのに対し、T字路では直角に曲がることによって時間が止まってしまう。ひとりの人間がタイムリープをして人生をやり直す、という物語では、

T字路は使いにくいのではないか。

『時をかける少女』と同じ細田守監督による『おおかみこどもの雨と雪』（2012）では、狼男と人間のあいだに生まれた子ども「雨」と「雪」が、それぞれ違う生き方を選ぶシーンで「T字路」が用いられている。2人の別れを描くのであれば、Y字路でもT字路でも構わないのかもしれない。

3　Y字路の巨匠、横尾忠則

Y字路を語る上で避けては通れない先人がいる。美術家、横尾忠則である。横尾は2000年からY字路をモチーフとした絵を描きはじめ、現在では150点を超える作品を残している。

横尾は、1936年に兵庫県西脇市で生まれた。すでに画家として名声を得ていた2000年、横尾は故郷にある西脇市岡之山美術館で個展を開くことになり、西脇に滞在して作品制作を行なった。その際、横尾は西脇にあるY字路の風景にただならぬものを感じ、以降Y字路をテーマとした作品を多く手がけるようになった。

《暗夜光路　N市－I》（2000）は、Y字路を描いた記念すべき最初の作品である。西脇にいた幼少期の横尾の通学路であり、かつて模型屋があった椿坂という坂のY字路が描かれている。西脇市のY

字路を描いた「暗夜光路　N市」シリーズは、時を重ねながらいくつも描かれている。西脇を通るJR加古川線では、このシリーズを描いた「走れ！Y字路」というラッピング電車も一時期走っていた。

西脇は播州織で栄えた街であり、中心市街には向きの異なる2つのグリッドが存在する。これにより、「境界型Y字路」がいくつも形成されている。市街地の北側には山から続く台地があり、《暗夜光路　N市－I》で描かれたY字路は台地を登る坂道の途中にある。徒歩圏内に多様な類型のY字路が集まる西脇だからこそ、横尾のY字路シリーズが生まれたと言えよう。

五章では宮崎を扱うが、横尾も宮崎のY字路を描いている。2004年、宮崎県立美術館において「横尾忠則　Y字路展」が開催された。Y字路をテーマにした初の展覧会である。展覧会に合わせ、横尾は宮崎に滞在してY字路画の公開制作を行なった。この際、宮崎には台風が到来しており、それを反映してか描かれた作品は赤みを帯びた不穏な雰囲気をまとっている。

この不穏さが横尾のY字路の魅力だ。どこか不気味で、緊張感がただよう街角との邂逅。Y字路との出会いは剣呑なのだ。

〈上〉図3:横尾忠則《暗夜光路　N市-I》(2000)
〈下〉図4:西脇市地図

4　Y字路はフォルムだ

横尾はなぜY字路を繰り返し描くのだろうか。ここで、ある対談から横尾のY字路観を探ってみたい。コピーライターの糸井重里が主宰するウェブサイト『ほぼ日刊イトイ新聞』では、2004年7月に「Y字路談義。」と題した鼎談記事が掲載された。六本木ヒルズ森タワーで開催されたこの鼎談では、横尾忠則・タモリ・糸井重里の三者がY字路について語っている。

さすがに三者とも一流の文化人だけあって、並みの切り口では語らない。タモリによると、Y字路には「居心地の悪い気持ちよさ」があるという。糸井も「狭い三角の土地って、人

図5：横尾忠則《宮崎の夜 - 眠れない家》(2004)

間の心の澱を掻き立てるようなイヤさがある（笑）」と、Y字路のおだやかならざる一面を語っている。

この鼎談で横尾が繰り返し語るのは、「Y字路はフォルムだ」という点である。横尾はあくまでY字路の「かたち」に興味があるのであって、「Y字路の持つ形而上的な意味などには興味ない」のだという。ここに、横尾がY字路を繰り返し描く理由がある。

Y字路に「意味」を見出そうとしても、その選択肢は限られる。人生の選択か、2人の別れか、多くはそこに収斂する。しかし、「かたち」を追求すると、絵はいくらでも描ける。角の角度や使われ方、壁の色や天気などを取り上げることで、無限のバリエーションが生まれる。Y字路が「イメージ」によって語られるのは、フォルムが描けていないからなのだという。

この指摘は、Y字路を鑑賞する上でも重要だ。たしかに、Y字路は「迷い」や「別れ」の物語を想起させる。しかし、一足飛びにそこに踏み込んでも、紋切り型の語りに終わる。右に行くか、左に行くかを悩む前に、まずは角を見てみよう。「かたち」に向き合うことで、右でも左でもないもうひとつの道が見えてくるかもしれない。横尾は次のように言う。

フォルムがきちんと描けていない絵は
ついイメージについて語られてしまうから。
Y字路については、

「夜の風景は、
子どものころ懐かしい感じだ」とか、
「電気が暗かった時代を思い出す」とか。
谷崎潤一郎の『陰影礼賛』を
ひきあいに出す人もいれば、
「人生の岐路に立たされている」とか。
ほとんど同じことばかり言われるんです。
「消失点が2つある」とか
おっしゃる人もいっぱいいるんだけど、
現実のY字路に出会ったときは、
そんなふうにはとらえませんよね？

「Y字路談義。――横尾忠則・タモリ・糸井重里が語る芸術？」（「ほぼ日刊イトイ新聞」https://www.1101.com/yokoo_tamori/?srsltid=AfmBOoq-eezuZQ_dym-1H2t1UlGs9tZSMsmVe7Xs2OcEbMw4rIdy1Jr1）より

5　Y字路で起こった事件

Y字路鼎談では「居心地の悪さ」や「イヤさ」が語られていた。その悪い予感が、現実となってしまった事件がある。それが、栃木県今市市（現日光市）で起きた女児殺害事件（今市事件）だ。

2005年12月1日、当時小学1年生だった女の子は、友人と一緒に3人で下校していた。そして、途中のY字路で友人たちと別れたのを最後に、行方がわからなくなった。普段であればY字路まで祖母が迎えに来ていたが、この日は都合がつかなかったという。翌日、隣県の山林で、女の子の遺体が発見された。

捜査における警察犬の反応からは、Y字路を左に曲がってから100メートルほどの地点で拉致された可能性が浮かび上がった。しかし、その後の報道では、友人と別れたY字路が事件現場のように扱われていった。同じクラスの児童の保護者は「不安でY字路は通れない」と漏らし、Y字路を通らざるを得ない児童は、しばらく自動車で通学するようになった。情報提供を呼びかける立て看板も、Y字路に立てられた。

最終的な失踪現場でないにもかかわらず、Y字路と事件が結びつけられたのは、やはりY字路の象徴性によるものだろう。道の「分かれ」は、被害者との「別れ」を想起させる。Y字路は、悪い意味でも印象に残る場所になってしまう。

事件から11年が経った2016年、今市事件をモデルにした短編小説が執筆される。吉田修一の短編小説集『犯罪小説集』(KADOKAWA)に収録された「青田Y字路」である。この作品は、同じく『犯罪小説集』収録の「万屋善次郎」とつなぎ合わせるかたちで、2019年に映画『楽園』(瀬々敬久監督、KADOKAWA)として映像化された。

映画では、やはりY字路がたびたび登場する。あるときは2人の今生の別れの場所として。またあるときは、狂気の入口として。Y字路の悲劇では、立ち止まることも、引き返すこともできない。

6 報道されるY字路

世間で「Y字路」が話題になるのは、どのような時だろうか。新聞大手3社(読売・毎日・朝日)のデータベースで、本文に「Y字路」を含む記事を集計し、分類ごとの変遷をたどってみた(図6、分類は筆者によるもの)。

最も多いのは、衝突事故に関する記事である。見通しの悪いY字路では、毎年何件もの衝突事故が起こっている。それを受けて交通安全対策に関する報道も多く、交差点の改良工事や交通マナー講習など

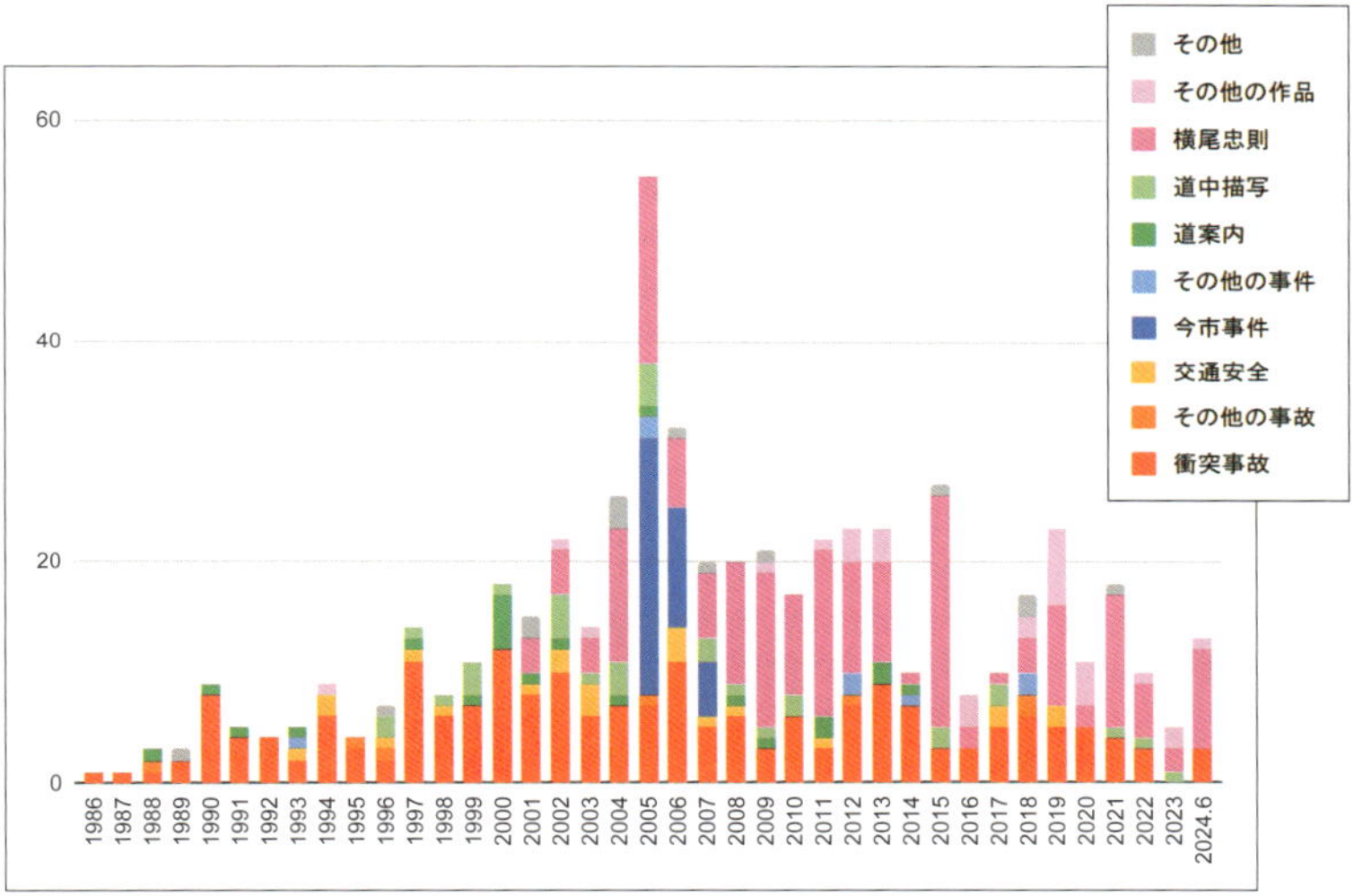

図6:「Y字路」を含む記事。読売・毎日・朝日新聞各社データベースより筆者作成。
2024年のデータは6月までで作成

が報道されている。それ以外にも、バスが山中のY字路で曲がる方向を間違えて立ち往生した事故や、トラックの荷台から落下した鉄パイプによって歩行者が重体となった事故などもある。

次に多いのが、横尾忠則に関する記事である。横尾がY字路シリーズを描きはじめた2000年以降、横尾についての報道は毎年なされており、特に展覧会が開かれた年には多くの記事が書かれている。また、横尾自身が書いた書評記事でY字路に言及しているものもある。

今市事件が起こった2005年には、事件の状況説明としてY字路に触れる記事が多く書かれている。事件から数年経った後にも、それをモデルとした吉田修一の小説や、映画『楽園』の公開に合わせてY字路が新聞に登場する。

それ以外では、新聞記事で紹介されたスポット

“魔の交差点”もう安心して

信号機、全面改良へ

戸田市笹目のY字路 波状陳情実を結ぶ

図8：記事タイトルに「Y字路」を含む最も古い記事
（出典＝『読売新聞』埼玉朝刊、1968年8月26日）

へのアクセスを示すためにY字路が目印として使われたり、取材の道中を語る場面でY字路が出ることもある。ユニークなものとしては、当時陸上100mで世界最速だったアサファ・パウエルが、幼い頃に実家の前のY字路をゴールとして兄とよくかけっこをしていたエピソードを紹介する記事があった。世界最速のルーツはY字路にあったのだ。

新聞に投稿される詩歌の中には、Y字路を詠み込んだものもある。

まず、140ページの①②は「Y字路においてどちらに行くか」が主題であろう。①は「ぬかるむ方へ行く」と、あえて悪路を選んでいる。②に登場する「逃げ水」は蜃気楼の一種で、暑い日のアスファルト道路などであたかも遠くに水があるかのように見える現象を指す。

③はどちらにも曲がらず、「Y字路の手前で風船を離す」と詠む。風船とは何を意味するのだろうか。大事なものを手放してしまっ

たように読めるが、逆にそれによって心が軽くなったようにも感じられる。

④⑤⑥は自身の行動ではなく、Y字路の情景そのものを詠んでいる。いずれも夜の闇を詠んでいる点が、横尾忠則の「暗夜光路」との共通性を感じさせ興味深い。④は横尾がY字路を描きはじめるよりも前に詠まれたものであるが、期せずして横尾がY字路を「発見」した西脇市の椿坂と似たような光景が切り取られている。

ポップソングにおいては、選択、迷い、別れなどY字路が象徴するものが比較的わかりやすかったが、詩歌におけるY字路の意味合いはより複雑である。音楽曲と同じく「言葉」による表現でありながら、それが表すものはむしろ横尾のような絵画に近い。

ほかにも、新聞には舞台作品においてY字路が登場する場面の紹介や、Y字路を描いた風景画が出展される展覧会の告知など、さまざまなY字路芸術が登場する。

また、数は少ないが、Y字路をメタファーとして用いる新聞記事も存在する。海部俊樹内閣が発足した1989年8月の「天声人語」は、「自民党の派閥」にそった道を選ぶのか、「国民の声」にそった道を選ぶのか、というY字路を突きつけている。そこで引き合いに出される冷戦時代の笑い話もおもしろい。さて、政治家にとってはどちらが「ぬかるむ方」なのだろうか。

Y字路を詠んだ詩歌

①Y字路のたびにぬかるむ方へ行く／北村幸子（草津市）
『朝日新聞（滋賀県版）』２０２２年1月12日　朝刊

②逃げ水と一緒にY字路を右へ／石倉夏生（選者吟）
『朝日新聞（栃木県版）』２０１９年5月15日　朝刊

③Y字路の手前で風船を離す／斉尾くにこ（北栄町）
『朝日新聞（鳥取県版）』２０１１年5月18日　鳥取全県・２地方

④Y字路が闇に浮き出る三宅坂／白石四郎（小田原市）
『朝日新聞』１９９４年10月28日　朝刊

⑤夕闇に溶けるY字路仄仄とおしろい花の紅が浮く／河野伊佐央（平塚市）
『朝日新聞』２００９年9月7日　朝刊

⑥Y字路の電話ボックス月朧／原田博之（茅ヶ崎市）
『読売新聞』２０２３年4月10日　東京朝刊

天声人語「海部新内閣に望むこと」（『朝日新聞』1989年8月10日朝刊）

（前略）

極端に単純化して言うと、海部さんの前には2本の道がある。Y字路だ。第1の道では自民党内の派閥の意見が道案内だ。第2の道では一般の人々の声が聞こえる。どちらを選ぶか。

（中略）

冷戦時代の笑い話だ。Y字路がある。ケネディが車で走ってきた。迷わず右の道を行った。フルシチョフがきた。左の道へ。次にユーゴのチトーがきた。どうするかと思ったら、方向指示器を左に出したまま右へ走って行った……。海部さんも、指示器は党内に向けるとしても、第2の道をゆければいいが。要は人々の信頼と支持だ。

コラム④

「川」字路

写真は高知県大川村にある三股路である。三本の道が高さを変えながら並行して走っている、なんとも不思議な光景だ。ゲームであれば、道を間違えると元の場所に戻されそうな分かれ道である。

この三股路は、四国一の大河、吉野川のすぐそばにあり、左の道を行くと吉野川を橋で渡り左岸の道へつながる。真ん中の道は吉野川右岸を通り土佐町の方面へ、右の道は山を登った先にある集落へとつながっている。

大きな川（吉野川）のそばにあり、分かれ道そのものも大きな「川」の字をなしている。まさに大川村を象徴するような風景である。

「川」字路、高知県大川村

京都市左京区 吉田

第五章　Y字路から都市を読む——吉田・渋谷・宮崎

1　京都・吉田――Y字路と碁盤の目

Y字路の街、吉田

ここまで、Y字路の類型や見どころを説明してきた。お前はなにゆえそこまでY字路に入れ込むのか、と不思議に思う読者もいるだろう。このあたりで、私がY字路に興味を持つようになった経緯を話しておきたい。すべては、「吉田」という街との出会いがはじまりだった。

「吉田」とは、京都市左京区の地名である。吉田には京都大学のメインキャンパスがあり、一帯は学生街の様相をなす。かく言う私も、京都大学に通う大学院生のひとりである。よって、大学に行く際には吉田の街を通るのだが、これがなんとも大変なのである。吉田の街路網は、幹線道路から一本外れた途端、どこへつながっているのかわからない細道ばかりになる。

この複雑な街路網の中に、多くのY字路が隠れている（図1）。Y字路に出会うたびに、右に行くか、左に行くかの選択を迫られる。選択を間違えると、見当違いの方向に進んでしまう。気づけば、元の場所に戻っていたりする。

大学に入った頃の私には、この吉田の迷路がなんとも不思議に映った。京都といえば、「碁盤の目」と形容されるような格子状の街のはずである。なぜ吉田の道は、こんなにも錯雑としているのだろうか。

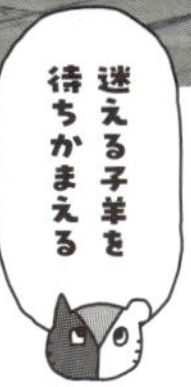

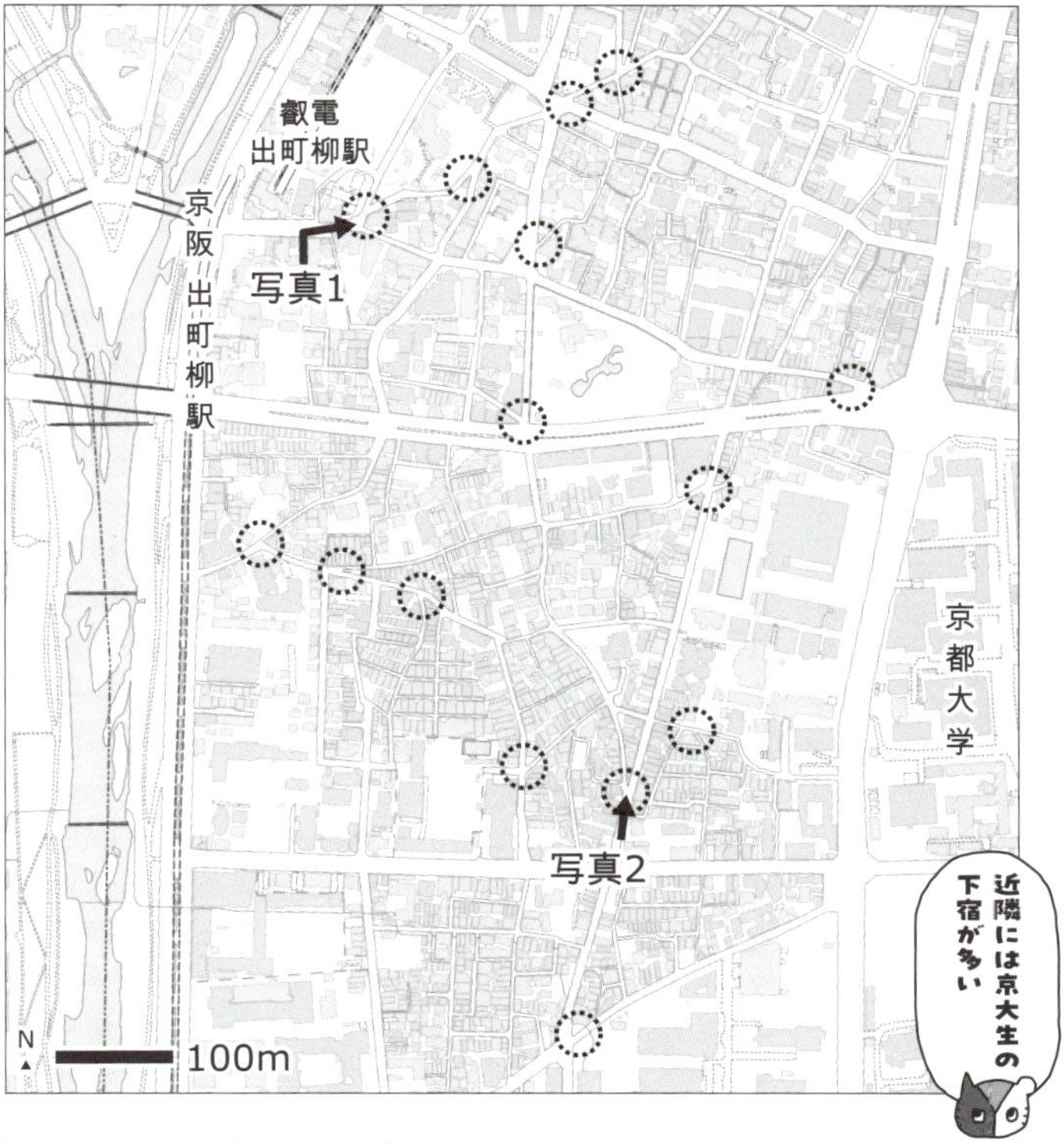

〈左上〉写真1：日本基督教団加茂川教会、京都市左京区／〈右上〉写真2：牛ノ宮町のY字路、京都市左京区／〈下〉図1：吉田一帯。国土地理院 地理院地図Vectorを用いて作成

言い換えれば、なぜ吉田にはY字路が密集しているのか。この疑問を追っているうちに、私はY字路の世界に迷い込んでしまった。

第五章では、「Y字路から都市を読む」と題して、街ごとに異なるY字路の形成史をたどる。まず最初は、吉田のY字路地帯からはじめよう。

なお、ここまで「吉田」という地名を用いてきたが、実際は吉田の北にある「田中」というエリアもY字路の密集地帯である。この後に紹介するY字路のなかにも、吉田ではなく田中に所在するものが含まれる。そのため、以下では場合に応じて吉田・田中と併記しながら解説する。

碁盤の目の形成

Y字路の形成史について話す前に、まずは京都のY字路〝ではない〟町割りがどうできたかを説明しよう。現在見られる京都の街路網は、大きく分けると①平安京の時代、②豊臣秀吉の時代、③近代都市計画の時代、という3つの時期に形成された（図2）。

三条通や四条通といった名前があるように、京都の道路は平安京に由来するものが多い。平安京は唐の長安をモデルとし、南北の条と東西の坊によって正方形区画をつくる「条坊制」と呼ばれる方法で区割りがなされた。平安京のうち、東半分は左京、西半分は右京と呼ばれる。

当時の日本にとって平安京は大きすぎる都であり、その大半は空き地となっていた。また、右京は湿地帯にも重なっていたため、次第に東半分の左京が都市の中心となっていった。中世には上京と下京という2つの町が成立するが、これらも左京に相当する範囲に形成されている。

応仁の乱による荒廃を経たのち、豊臣秀吉の時代に京都の町は大改造がなされた。秀吉は京都に聚楽第という城を築くとともに、町全体を土塁と堀によって取り囲む大工事を行なった。この土塁はのちに御土居と呼ばれる。

さらに、それまで正方形だった街区の中央に南北の道を新たに通し、短冊形の街区をつくり出した。これにより、街路に面する町家が増え、商業活動が活性化したとされる。江戸時代には鴨川の東にも町が広がっていき、祇園に花街が形成された。

大正時代には、市電の新路線開通と並行するようにして道路の拡幅が行なわれた。現在、京都中心部においてバスが通るような幹線道路は、ほとんどが市電の路線が通っていた場所である。そしてその路線網は、おおむね格子状となっている。

このように、京都の中心市街地では時代ごとにさまざまな都市改造がなされながらも、「碁盤の目」の街路網が維持されてきた。では、吉田・田中はどのような歴史を歩んできたのだろうか。

近郊農村としての吉田村

近代に入るまでの吉田・田中は、一言でいえば近郊農村であった。京都市街地の東端には鴨川が流れ

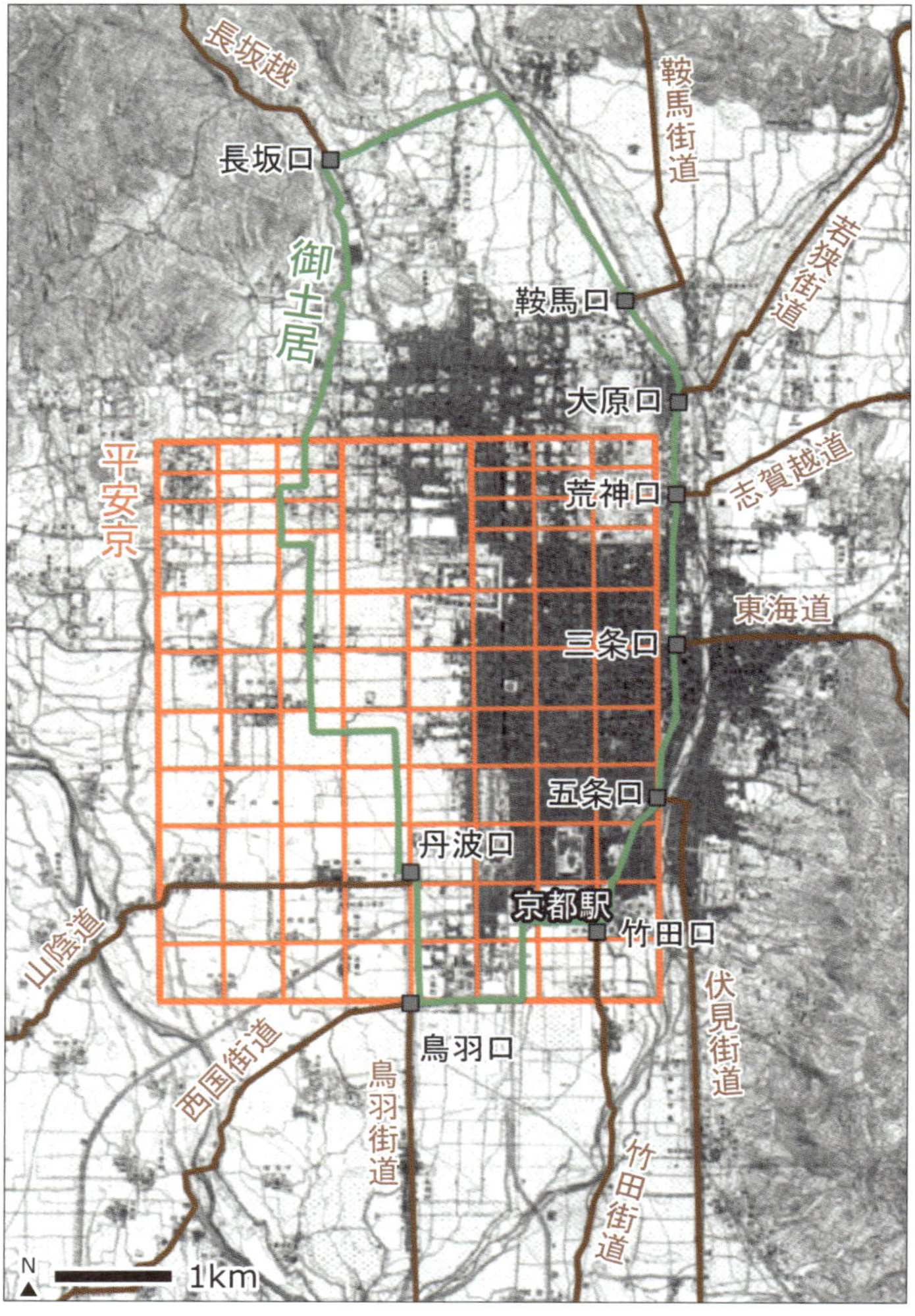

図2：平安京と御土居。2万分の1仮製地形図「京都」「大津」「伏見」「醍醐村」
（明治22年測量、明治24〜25年発行）の上に作図

ており、秀吉による御土居は鴨川沿いに築かれた。江戸時代中期以降には、鴨川より東でも祇園など一部が市街地化していったが、吉田・田中には依然として農地が広がっていた。

吉田村は、村内にある吉田神社を中心に形成された村である。吉田神社は平安時代に創建された古社であり、室町時代には神主である吉田兼倶が「吉田神道」と呼ばれる独自の思想を展開した。吉田神社がある吉田山は別名「神楽岡」とも呼ばれ、皇族が火葬・埋葬される葬送の地でもあった。また、平安末期から鎌倉時代には源頼政や西園寺公経といった武将・公家らが別邸を構えた。

吉田・田中は、いわゆる洛中と洛外、すなわち京都の内と外の境界でもあった。近世の京都においては御土居の内側が洛中とされ、御土居には「京の七口」と呼ばれる出入口が設けられていた（実際は7つ以上あった）。このうち、田中村の近くには大原口、吉田村の近くには荒神口という「口」があり、それぞれの口から若狭街道と志賀越道という街道が伸びていた。

荒神口から伸びる志賀越道は、現在の地図で見てもはっきりとそのルートがわかる（図3）。東大路や近衛通といった周囲の大通りが南北に通っているのに対して、志賀越道は北東に向かって斜めに伸びている。途中で京都大学に寸断されているが、京都大学を越えてからはまた斜めに伸びていき、山を越えて滋賀県へ至る。

この斜めの街道が、吉田にY字路を生んだひとつ目の要因である。正方位方向の道路に斜交するように街道が通ることによって、そこにいくつものY字路が生まれた。碁盤の目の洛中とは異なる「洛外の

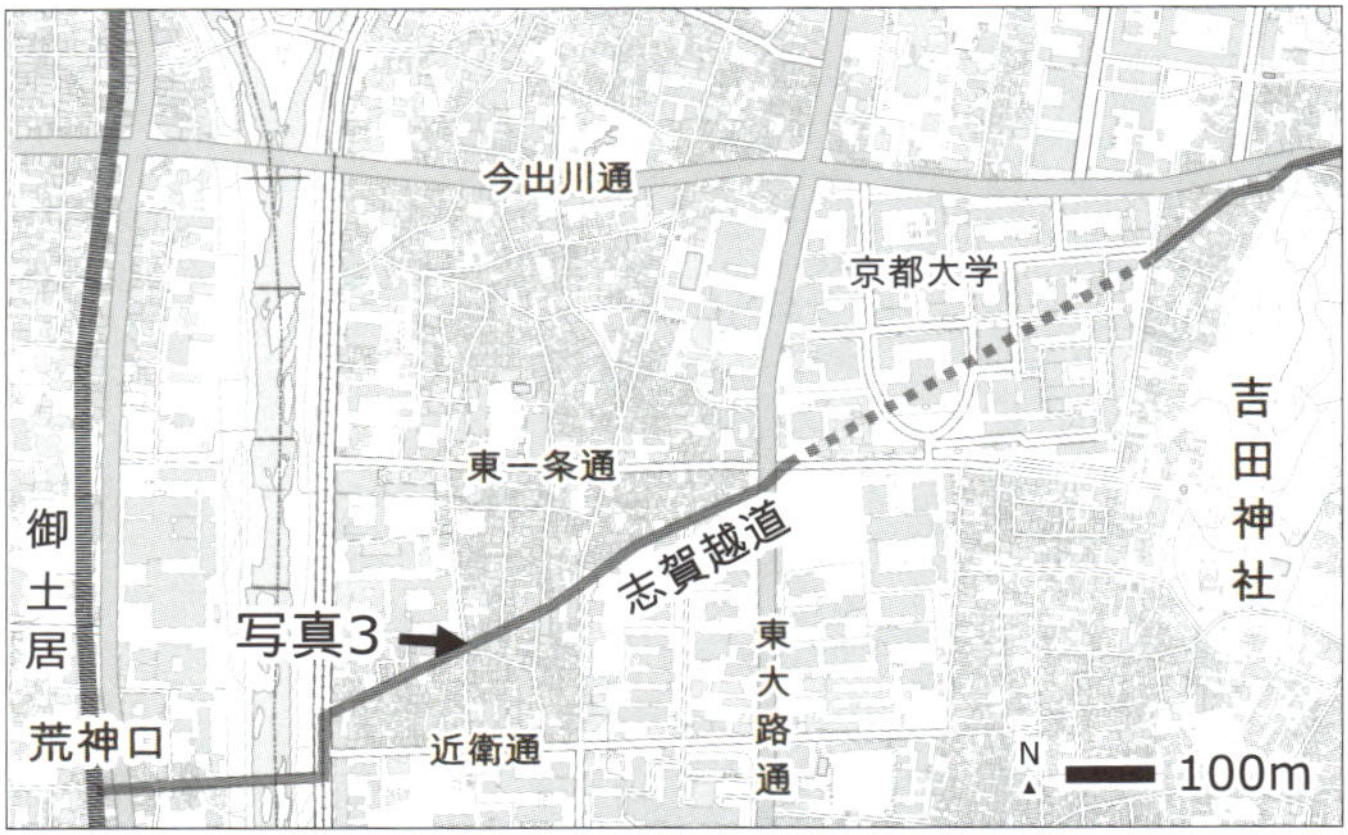

〈上〉図3：志賀越道、国土地理院 地理院地図Vectorを用いて作成
〈下〉写真3：志賀越道沿いのY字路、京都市左京区

論理」が、Y字路をつくったのである。

川がつくった土地の傾き

吉田・田中にY字路が生まれたもうひとつの要因は、川の存在である。先述の通り、吉田・田中の西側にはYの字のように川が流れている。合流地点は通称「鴨川デルタ」と呼ばれ、京都市民や近隣大学生の憩いの場となっている（コラム5参照）。一般的に、鴨川と言ったときは鴨川デルタよりも下流側を指す。そして、デルタより上流では、西側が賀茂川、東側は高野川と呼ばれる。このうち、高野川と鴨川の微妙な傾きの違いが、吉田・田中にY字路を生むことになった。

まず、鴨川は正南北に流れているため、向きとしては洛中の碁盤の目と変わらない。一方、高野川のほうは北東から南西に流れており、正南北・正東西のグリッドとは向きが異なる。その結果、鴨川デルタ付近には、正南北・正東西には沿わないさまざまな傾きの道が集まることとなった。

もうひとつ、吉田のY字路形成に影響を及ぼした川がある。太田川である（図4）。太田川は自然河川ではなく人工の用水路で、高野川から取水されて近隣の田畑を潤したのち、鴨川に注ぎ込んでいた。昭和30年代に暗渠化され、現在は雨の際などにしか水は流れない。わずかな痕跡として、出町柳駅から京大へ向かう道ばたに太田川の水門が残されている。

太田川の流路は図に示した通り、うねうねと蛇行をしている。ただでさえ複雑な街路網の中をこのよ

〈上〉写真4：太田川沿いのY字路、京都市左京区
〈下〉図4：太田川、国土地理院 地理院地図Vectorを用いて作成

うなかたちで川が流れると、当然鋭角の角も多くなる。そのため、太田川が暗渠化されることによっていくつかのY字路が生まれることになった。

写真4は太田川によって生まれたY字路のひとつである（正確には五辻）。三角の土地がフェンスで覆われ、中は家庭菜園になっている。角地にはプランターが置かれ、ゴミ置き場にもなっている。Y字路ならではの、ゆったりとした土地利用である。

土地区画整理のグリッド

ここまで、街道と川という2つの要因を紹介してきた。これらはたしかに複雑な街路網をつくり出した要因であるが、Y字路が密集している理由を理解するには、もうひとつ説明すべきことがある。それは、「なぜ吉田のY字路は消えずに残っているのか」という点である。

吉田にあるような錯雑とした街路は、交通という点から見れば不便でしかない。宅地として見ても、長方形ではない非整形地は住宅開発に不向きである。そのため、しばしばこうした街区は「土地区画整理事業」によって格子状に整えられることがある。

京都においては、大正時代から土地区画整理事業が本格的に行なわれた（図5）。現在北大路通沿いで見られるような整然とした街区は、区画整理事業によってできたものである。京大の北にある北白川も区画整理後に市街地化したエリアであり、戦前から京都帝大の教官が多く住む街になっていた。

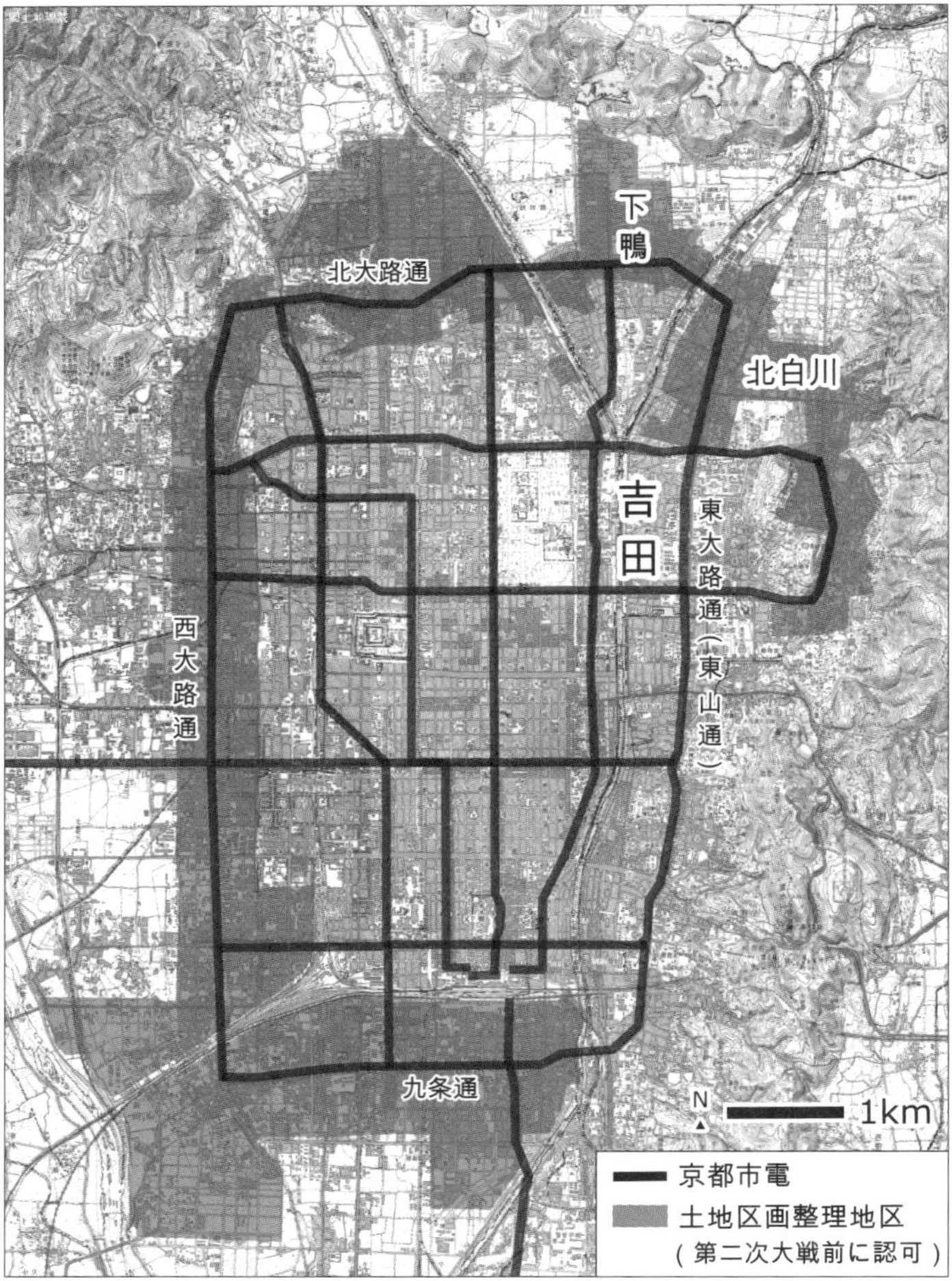

図5：第二次大戦前に認可された土区画整理地区。2万5000分の1地形図「京都東北部」「京都東南部」「京都西北部」「京都西南部」（昭和6年部修、昭和7年発行）の上に作図

京都における区画整理の区域は、旧市街の外縁部を取り囲むように設定されている。これは、市電の「外郭線」と呼ばれる路線、すなわち東大路通・北大路通・西大路通・九条通を通る路線の敷設にあわせた計画であった。都市計画路線の設置と土地区画整理事業がセットで行なわれたのは、京都の都市計画の特色とされる。

吉田・田中のエリアは東大路通沿いにあり、区画整理事業の対象になってもおかしくなさそうだ。しかし、実際は区画整理は行なわれず、現在まで複雑な街路網が残されている。吉田・田中において区画整理が行なわれなかった理由をはっきりと記した資料は見つけられていないが、私は京都大学の存在が要因のひとつではないかと考えている。

学生街になった吉田の街

京都大学の前身である第三高等中学校は、明治22年に吉田の地へと移ってきた。第三高等中学校はそのルーツである「舎密局」の時代から長らく大阪を拠点としていたが、高等中学校への改組にともなって京都への移転が決定された。

第三高等中学校の設置候補地は、吉田村以外にも2箇所が挙げられていた。現在の立命館大学衣笠キャンパス付近に相当する宇多野谷口村と、船岡山の近くにあった紫竹大門村である。しかし、文部大臣森有礼による敷地検分の結果、谷口村と大門村は水質に問題があるとされ、吉田村への設置が決まった。

第三高等中学校が移ってきた吉田の敷地は、もともと尾張藩邸があった場所である。尾張藩邸は幕末に京都の政治的重要性が高まったことにともない設置されたもので、これにより先に述べた志賀越道は寸断されることになった（図6）。

第三高等中学校はその後第三高等学校に改組され、明治30年には京都帝国大学が創設された。それだけでなく、明治末期には京都高等工芸学校（現京都工芸繊維大学）や京都市立美術工芸学校・絵画専門学校（現京都市立芸術大学）など、いくつもの学校が吉田に設置された。こうして吉田は、東京で言えば駿河台、パリで言えばカルチェラタンのような文教地区になっていった（図7）。

大学ができると、学生向けの下宿や、学生を相手にした商店などが周囲にできていく。近郊農村だった吉田は、明治後期から急速に学生街へと姿を変えていった。吉田は、近代京都においてはいち早く市街地化したエリアだった。

大正時代の都市計画事業において吉田が区画整理の範囲から外されたのは、こうした事情があったからなのだろう。すでに市街地化したエリアを区画整理するのは、田畑の区画整理とは比べ物にならないほど労をともなう。幸か不幸か、吉田の迷路は残されることになった。

Y字路はスキマにできる

吉田がY字路密集地帯になった理由を整理しよう。まず、吉田は京都の旧市街地からは外れた近郊農

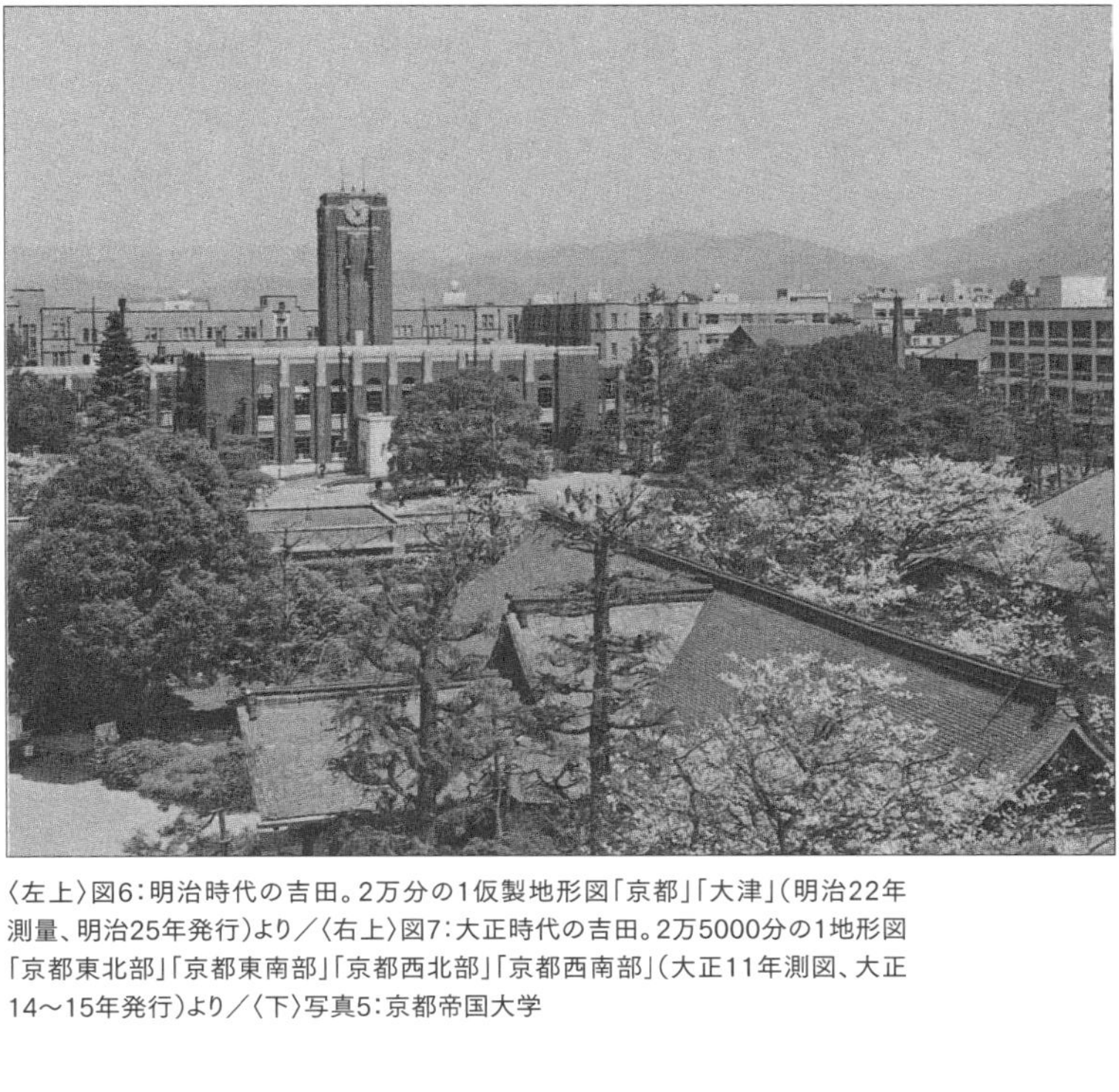

〈左上〉図6：明治時代の吉田。2万分の1仮製地形図「京都」「大津」（明治22年測量、明治25年発行）より／〈右上〉図7：大正時代の吉田。2万5000分の1地形図「京都東北部」「京都東南部」「京都西北部」「京都西南部」（大正11年測図、大正14～15年発行）より／〈下〉写真5：京都帝国大学

村であり、洛中とは異なる論理の街路形成がなされた。斜めに伸びる志賀越道や、斜めに流れる高野川に沿った道、あるいは蛇行する太田川など、碁盤の目ではない街路網が形成されていった。

明治時代になると、第三高等中学校をはじめとする学校が吉田に設置され、近隣は学生街となっていった。その結果、大正時代の土地区画整理事業では対象地とならず、複雑な街路網が残されることになった。つまり、平安京に由来する前近代のグリッドと、土地区画整理事業に由来する近代のグリッドの、ちょうど中間に位置しているのである。時間的にも、空間的にも、吉田は都市計画のスキマにあった。だからこそ、吉田はY字路密集地帯となったのだ。

城下町や港町など、日本の歴史的な都市では格子状の町並みが基調となっていることが多い。また、都市計画関連法制が整備されていく大正時代以降には、区画整理によるグリッドが出現する。そしてそのどちらにも当てはまらない旧市街地外縁部に、Y字路密集地帯が現れる。吉田で見られるようなY字路形成プロセスは、ほかの都市においても見出すことができる。

「都市計画のスキマ」という吉田の特質は、どこか大学に似ているように思える。義務教育や受験勉強に追われる高校までと、仕事に追われる就職以降の、そのスキマ。「自由の学風」などと称されたかつての京大の空気は、Y字路がひしめく吉田の迷宮によって生まれたものなのかもしれない。もっとも、ただの道にそこまでの意味合いを見出してしまうのは、いささか私の個人的感傷が入りすぎてはいるだろうが……。

写真6:吉田のY字路、京都市左京区

2　東京・渋谷——せめぎあうY字路

Y字路の街、渋谷

東京は坂の街である。起伏に富んだ地形ゆえ、街路網も京都や大阪と比べて非常に複雑である。銀座や神田のように部分的には格子状の町割りも見られるが、それぞれのグリッドはつぎはぎになっている。こうした事情から、東京では高低差型や境界型など多種多様なY字路がそこらじゅうに存在している。そんな東京のなかでも、ひときわY字路に恵まれているのが渋谷である。

上空から渋谷を見ると、道玄坂と文化村通りが道玄坂下交差点で合流し、大きなY字をなしている（図8）。まさに渋谷はY字路の街である。そしてその角地にあるのが、街のシンボルであるSHIBUYA109である（写真7）。SHIBUYA109は、日本で一番有名なY字路といっても過言ではないだろう。

SHIBUYA109は、東急グループによって1979年に開業したファッションビルである。まず目を引くのは、その円柱形のシルエットだ。壁面の広告は、2週間掲出するのに1000万円以上かかるという。広告が多い渋谷のなかでも、特に高い掲出料金である。それほど、広告効果が高いとみなされているのだ。

ここまで本書を読んだ方なら、渋谷にY字路が多い理由を説明することは容易いだろう。渋谷はその

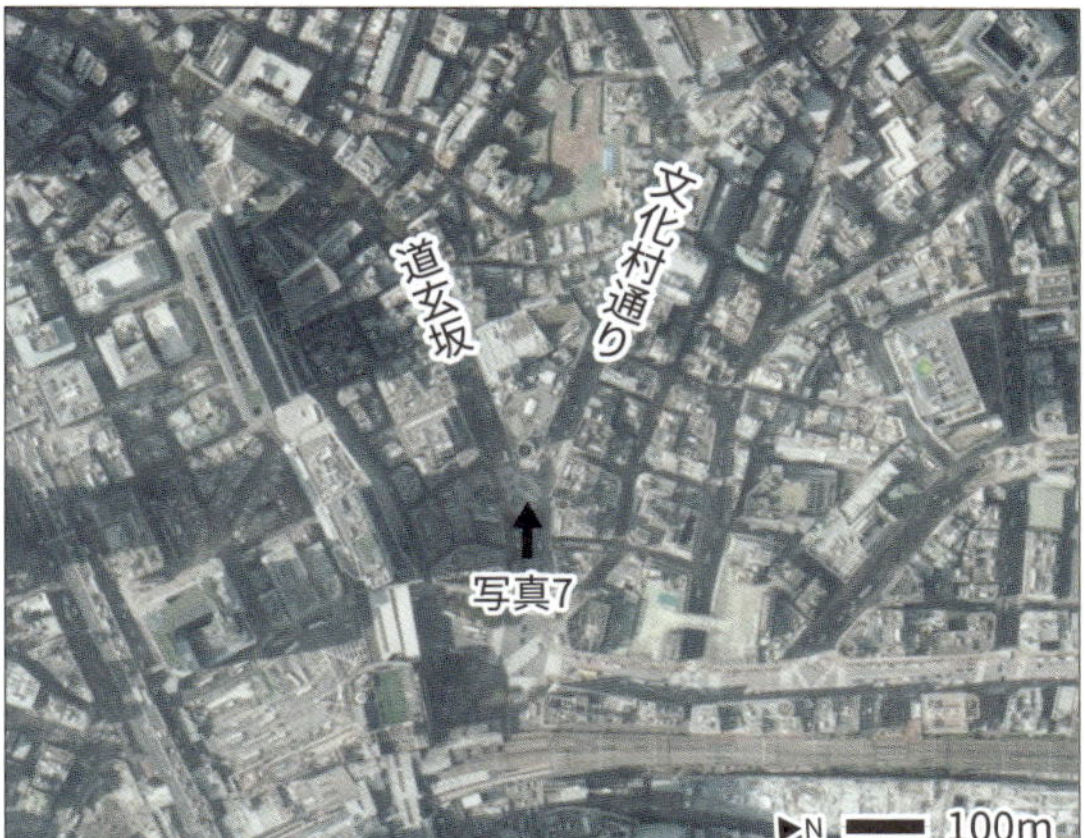

〈上〉写真7：SHIBUYA109、東京都渋谷区
〈下〉図8：渋谷の空中写真。国土地理院 空中写真の上に作図

地名の通り、谷あいに形成された街である。その地形がY字路を生んだ、と言ってしまうとそれまでである。

吉田とは異なり、渋谷のY字路のおもしろさは、形成過程にあるわけではない。むしろその利用のされ方にある。先に挙げたSHIBUYA109以外にも、渋谷にはたくさんのY字路がある。東急百貨店や渋谷モディなど、その多くは商業施設として利用されている。渋谷という日本有数の繁華街において、角地という目立つ場所を誰がどう利用するのか。その戦略におもしろさがある。それでは、Y字路をめぐるせめぎあいを見ていこう。

2　渋谷の立体Y字路

まず最初に、渋谷の地形について簡単な説明をしておこう。大きく見れば、渋谷は3つの台地に挟まれた窪地にできた街である（図9）。北には明治神宮や代々木公園がある代々木台地、西には松濤や神山町といった高級住宅街がある西渋谷台地、東には青山学院大学や國學院大學がある東渋谷台地が存在する。そしてそれらの台地のあいだを、渋谷川とその支流である宇田川が流れている。グリッドをつくりようがない凸凹の地形が、否応なしにY字路を発生させている。

高低差によって生まれたY字路のなかでも特に珠玉であるのが、台湾料理屋「麗郷」があるY字路だ（巻頭写真P. 3）。右側の道玄坂小路はちょうど西渋谷台地の崖下を通る小道で、左側が台地を登る坂である。丸みを帯びたフォルムが美しく、店名の看板もうるさすぎない。壁面のレンガ同士の隙間が広くとられているのも、優しい印象に寄与しているように思える。

もうひとつ、Y字路ではないが紹介しておきたいのが、通称「奥渋谷」と呼ばれる神山町にある多差路（写真8）である。高さの異なる4つの道が3つの鋭角をつくり出しており、角度もそれぞれ異なる。暗渠マニアの吉村生は、この複雑な形態を「W字路」と表現している。

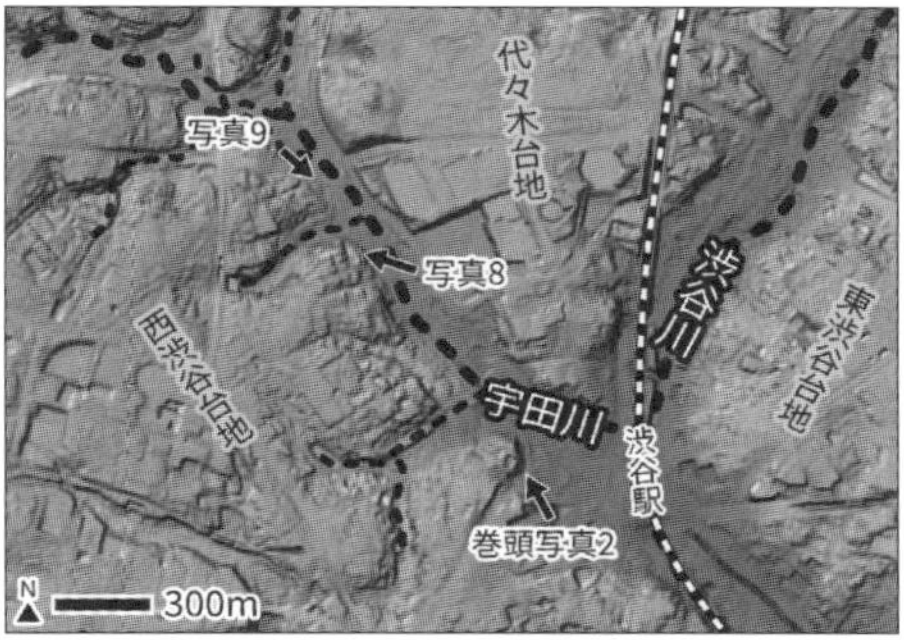

〈上〉図9：渋谷の地形。国土地理院自分で作る色別標高図の上に作図／〈中〉写真8：奥渋谷のW字路、東京都渋谷区／〈下〉写真9：麗郷 富ヶ谷店、東京都渋谷区

AとBの道は西渋谷台地へ登るための道であり、Cの道は台地の縁に沿った旧道である。Dは大正時代ごろにできた新道だ。立体Y字路と新道型Y字路が同時に見られる、お得なスポットである。

Dの道は宇田川に沿うように直線的に引かれており、場所によってオーチャードロード、神山商店会、富ヶ谷一丁目通り商店街などさまざまな名前がついている。富ヶ谷一丁目には先ほど紹介した「麗郷」の富ヶ谷店があるのだが、おもしろいことにこちらもY字路に建っている（写真9）。本店も支店もY字路とは。恐れ入った。

宇田川のY字路

渋谷の谷をつくった川のうち、西渋谷台地と代々木台地のあいだを流れているのが宇田川である。スクランブル交差点やセンター街がある渋谷の中心部は、宇田川の下流に相当する。

現在の宇田川は全域が暗渠となっており、宇田川通りと呼ばれる遊歩道になっている。宇田川通りが井の頭通りと合流する地点もY字路で、ユニークな外観の交番が角地に建っている（写真10）。あまりにソリッドなそのフォルムは、斧をモチーフにしたものだという。

宇田川は現在、ミヤシタパークの南端部分で同じく暗渠となっている渋谷川に合流する。この流路は大正時代以降のものであり、それまでは宇田川交番のあたりから文化村通りに向かって今よりも南に流れていた（図10）。

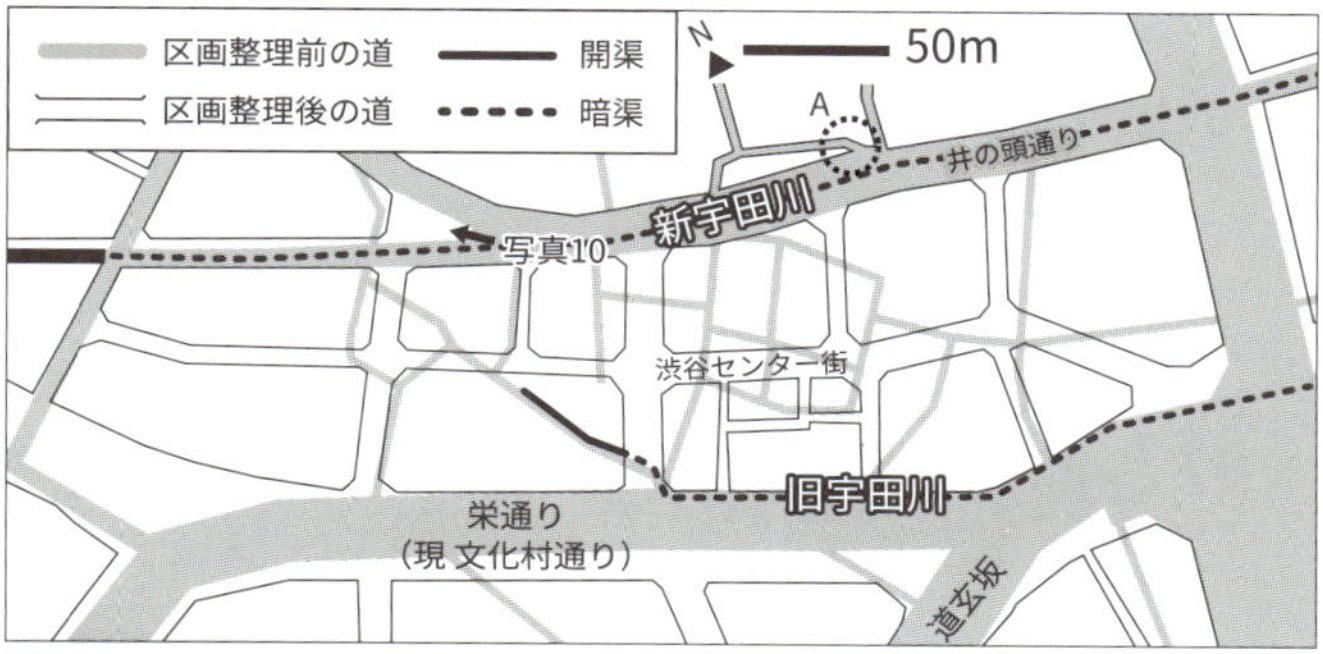

〈上〉図10：戦災復興土地区画整理事業。田原光泰『春の小川はなぜ消えたか』所収の図を参考に作成
〈中〉写真10：宇田川交番、東京都渋谷区／〈下〉写真11：代々木公園アートスタジオ、東京都渋谷区

大正時代の流路変更は近隣の開発や水害防止を目的としたものであり、暗渠化もこの際に行なわれている。さらに、戦後には戦災復興土地区画整理事業が行なわれ、直交街路からなるセンター街が整備された。現在渋谷ロフトの南側には井の頭通りに切り取られたような薄いビルが建っているが、これは区画整理によってできた貫通型のY字路である（図10A）。

渋谷から宇田川暗渠を上流へ歩くと、いくつものY字路を見つけることができる。水草や熱帯魚の専門店「SENSUOUS」は、テレビ番組の水槽レイアウト作成も多く手がけるY字路の名店だ。近くにNHK放送センターがあるため、朝ドラや大河ドラマなどNHK関連の仕事が多い。

さらに上流へ行くと、代々木公園駅へ近づいたあたりで宇田川は河骨川と初台川に分岐する。河骨川沿いにある「代々木公園アートスタジオ」は子ども向けの美術教室で、壁面には子どもたちによるカラフルな絵が描かれている（写真11）。

エリア的には渋谷というより原宿や表参道ではあるが、渋谷川の暗渠である「キャットストリート」にも良いY字路が多い。暗渠とY字路の相性はばつぐんだ。

道玄坂と宮益坂

渋谷の特徴は、単にY字路が多いというだけでなく、幹線道路がY字をなしているという点にある。街の外枠がY字路であるために、その内部にも多くのY字路が生まれるのである。

渋谷で最も車線数が多い国道246号は、かつての「大山街道」に相当する（図11）。江戸城赤坂御門を出て青山、渋谷へ、そして現在の東急東横線に沿うように、三軒茶屋、長津田、厚木などを経て相模国の大山阿夫利神社に至る道である。

江戸時代から明治時代までの渋谷の中心は、より江戸中心部に近い東側の宮益坂にあった。江戸時代の宮益坂は道玄坂よりも土地を持った商人層が多く、外部からの新規参入は難しい町だったようだ。

現在、渋谷駅から宮益坂を上がると「宮益坂上」交差点で金王坂と交わる（写真12）。角地にデジタルサイネージが設置された、立派なY字路だ（正確には五差路）。金王坂の名は旧町名の金王町に由来する。いかにも古そうな名前だが、命名されたのは1979年のことである。

戦前の大山街道は、陸軍と関わりの深い道であった。宮益坂の東にある青山は第一師団の駐屯地であり、道玄坂の西にある駒場野や駒澤にも兵営や練兵場が集まっていた。そのため、演習に向かう陸軍がたびたび渋谷を行き交った。

1909年には現在の代々木公園の地に代々木練兵場が設置され、ますます軍隊の往来が活発になった。現在の「公園通り」は、軍隊が練兵場へと向かうために整備された「練兵場通り」だった。

公園通りの起点に建つ渋谷モディ（旧マルイシティ渋谷）は、SHIBUYA109と並んで渋谷を代表するY字路建築である（写真13）。左の公園通りは、代々木台地を上るため坂道になっている。右のファイヤー通りは、沿道に渋谷消防署があることから名づけられた道で、関東大震災の後に開通した。開発

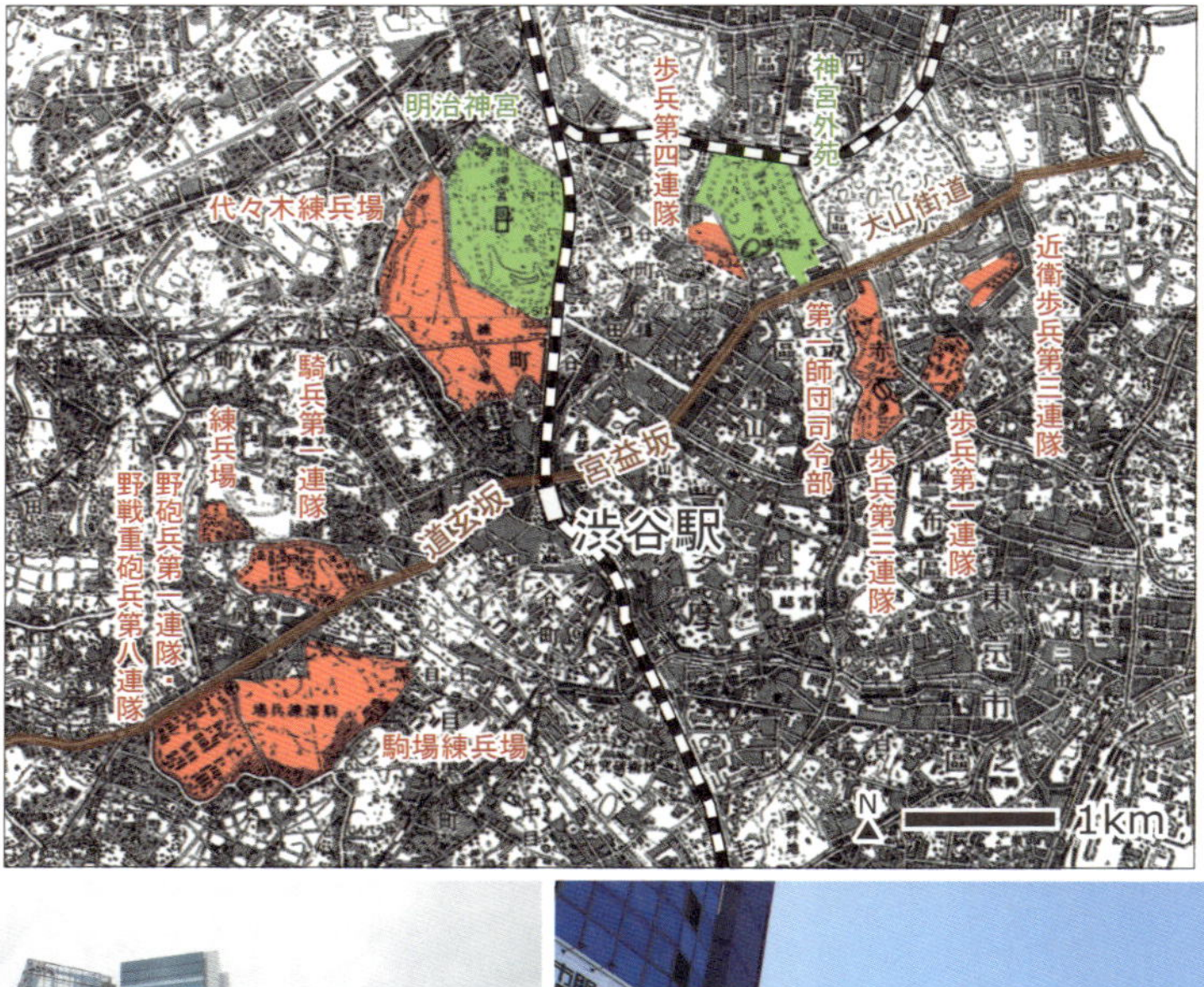

〈上〉図11：大山街道と軍事施設。5万分の1地形図「東京西北部」（明治45年部修、大正4年鉄補）、同「東京西南部」（明治45年縮図）の上に作図／〈左下〉写真12：金王坂（左）と宮益坂（右）、東京都渋谷区／〈右下〉写真13：渋谷モディ、東京都渋谷区

系の立体Y字路である。

エネルギッシュな三角地帯

江戸の町外れだった道玄坂が盛り場に変わっていくのは、明治末期以降のことである。1908年、町を盛り上げるために地元の商店主らは露店を誘致することに決め、毎晩5銭ずつ照明代を出し合い、恵比寿にいた露店商らを呼びよせた。この試みは当たり、大正から昭和初期にかけて道玄坂には古本屋や玩具屋など多くの露店が開かれた。

戦前の盛り場と言えば浅草や銀座であったが、戦後は新宿と並んで渋谷が東京を代表する盛り場となっていく。そのひとつの契機が、戦後の闇市である。

闇市研究の先駆者である松平誠は、道玄坂と文化村通りに挟まれた一角を「エネルギッシュな三角地帯」と呼び、渋谷の代表的な闇市として取り上げた。この三角地帯には戦前から映画館やビアホールなど多くの店舗が集まっていたが、戦災によってひとつの映画館を残して焼け野原となった。

この焼け跡に、闇市のマーケットが形成された（図12）。三角地帯のマーケットは戦前からの地割を踏襲して建設されており、中には地主自身が開発したものもあった。そうしたマーケットのひとつ「道玄坂百貨街」の一角には、恋文を代筆する古着屋のエピソードで知られる「恋文横丁」もあった。

1960年代以降に闇市は整理されていき、三角地帯には大型の商業施設が建っていく。1979年

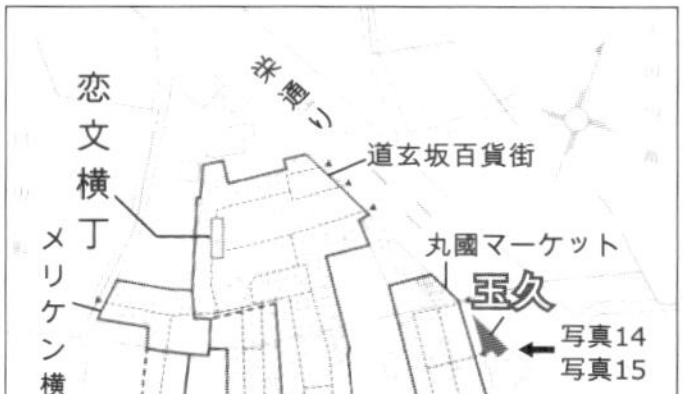

〈上〉写真14：玉久、東京都渋谷区　提供＝町田忍／〈左下〉図12：1955年の三角地帯。石榑督和『戦後東京と闇市』掲載図に加筆（原資料＝火災保険特殊地図）／〈右下〉写真15：玉久ビル、東京都渋谷区

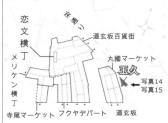

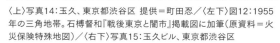

に開業したSHIBUYA109もそのひとつであるが、実は109の敷地には玉久ビルという三角のビルがめり込んでいる（写真15）。

この場所には、闇市の時代から続く玉久という居酒屋があった（写真14）。109が建設されたにもかかわらず玉久は立ち退かず、2002年に自社ビルに建て替わるまで木造の平屋で営業を続けていた。玉久はその後もビルの8・9階で営業を続けていたが、2020年に惜しまれつつ閉店した。

Y字路の東急、高低差の西武

高度成長期以降の渋谷では、東急と西武の二大グループがしのぎを削った。

まず、いち早く渋谷に参入したのは東急である。1927年には東急渋谷駅を開業し、1934年には東横百貨店（のちの東急百貨店東横店）を開いた。戦後の闇市整理においては露店商や渋谷区と交渉しながら土地買収を進め、駅前の開発を行なった。

そして1967年には、東急百貨店本店が開業する（写真16）。東急本店は栄通り（現文化村通り）が分岐するY字路に建ち、渋谷駅からは400mほど離れている。離れた立地にすることで、人の回遊を生み出そうとしたのだという。

東急本店開業の翌年、西武グループは西武百貨店を開いた（写真17）。西武渋谷は宇田川の暗渠沿いにあり、A館とB館をつなぐようにいくつもの連絡通路が道路をまたぐ立体的な構造になっている。

さらに、1973年には西武の流通部門から派生したセゾングループにより、公園通りにパルコが開業する。キャッチフレーズは、「すれ違う人が美しい—渋谷—公園通り」。セゾングループは近隣の通りに「スペイン坂」や「ペンギン通り」などの愛称をつけ、街全体を舞台として演出した。

こうした西武グループの攻勢を受けて東急が建設したのが、SHIBUYA109である。ポストモダン建築の旗手と目されていた竹山実によって設計され、道玄坂と東急本店通り（現文化村通り）のY字路を飾る渋谷の顔となった。

東急と西武の施設立地を比較すると、東急が目立つY字路を押さえているのに対して、西武系の施設はいずれも十字路にある（図13）。これは、戦前から渋谷に進出していた東急が、谷筋の大通りである文化村通りを回遊の軸としたのに対し、1960年代末以降に進出した西武は、台地に上がる坂を空間演出の装置として活用した、という来歴の違いから説明することができる。強引にまとめるなら、Y字路の東急、高低差の西武、ということになろうか。

渋谷再開発とY字路のゆくえ

渋谷は谷の街である。と同時に、Y字路の街でもある。宇田川によってできた谷筋には、川の付け替えや新道の開通によっていくつものY字路ができた。そして、谷から台地に上がる地点には、麗郷や奥渋谷のW字路のようなマニアも唸る立体Y字路が形成された。

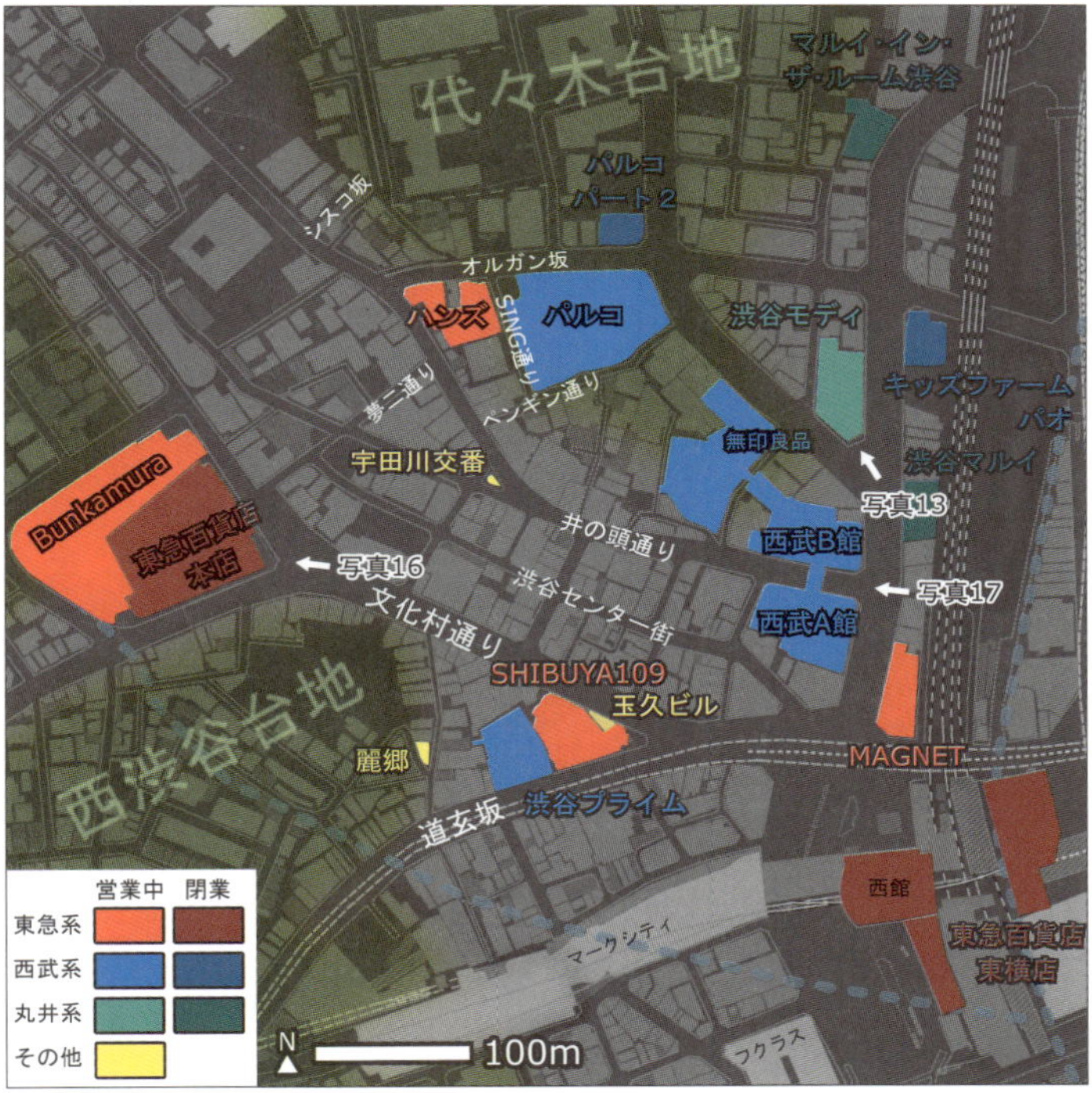

〈上〉図13：渋谷の大型商業施設。国土地理院 地理院地図Vectorを用いて作成
〈左下〉写真16：東急百貨店、東京都渋谷区
〈右下〉写真17：西武百貨店、東京都渋谷区

ターミナル駅前の盛り場である渋谷のY字路は、「そこを誰がどう使うのか」というせめぎあいの舞台にもなった。道玄坂の「エネルギッシュな三角地帯」には闇市が展開し、SHIBUYA109が建設されたのちも玉久ビルとして残り続けた。

戦前から戦後にかけて渋谷の開発を主導した東急は、Y字路を上手く活用することで、渋谷駅から東急本店へと至るルートをデザインした。渋谷モディや宮益坂－金王坂のY字路にはデジタルサイネージが設置され、「広告都市」東京の喧噪をつくり出している。

現在、渋谷では「100年に一度」の枕詞で大規模な再開発が進められている。その中でも最大規模の開発である「Shibuya REGENERATION Project」では、金王坂付近の3つの街区での開発計画が立てられている(図14)。

このうち、宮益坂－金王坂のY字路にあたるA街区には、図15のような奇抜な建物が計画されている。A街区の建物は地上5階が予定されており、屋上からは青山通り(国道246号)を見通すことができるのだという(図16)。

ここにおいて、Y字路の角が持つ意味合いは転倒している。これまでY字路は「見られる」ものであったが、A街区においては「見る」場所として位置づけられている。

見る、見られる、見せる、見せられる。渋谷のY字路では視線が交錯する。Y字路は欲望の交差点である。再開発は渋谷をどう変えるのだろうか。願わくば、「残余」を許す街であってほしいものだ。

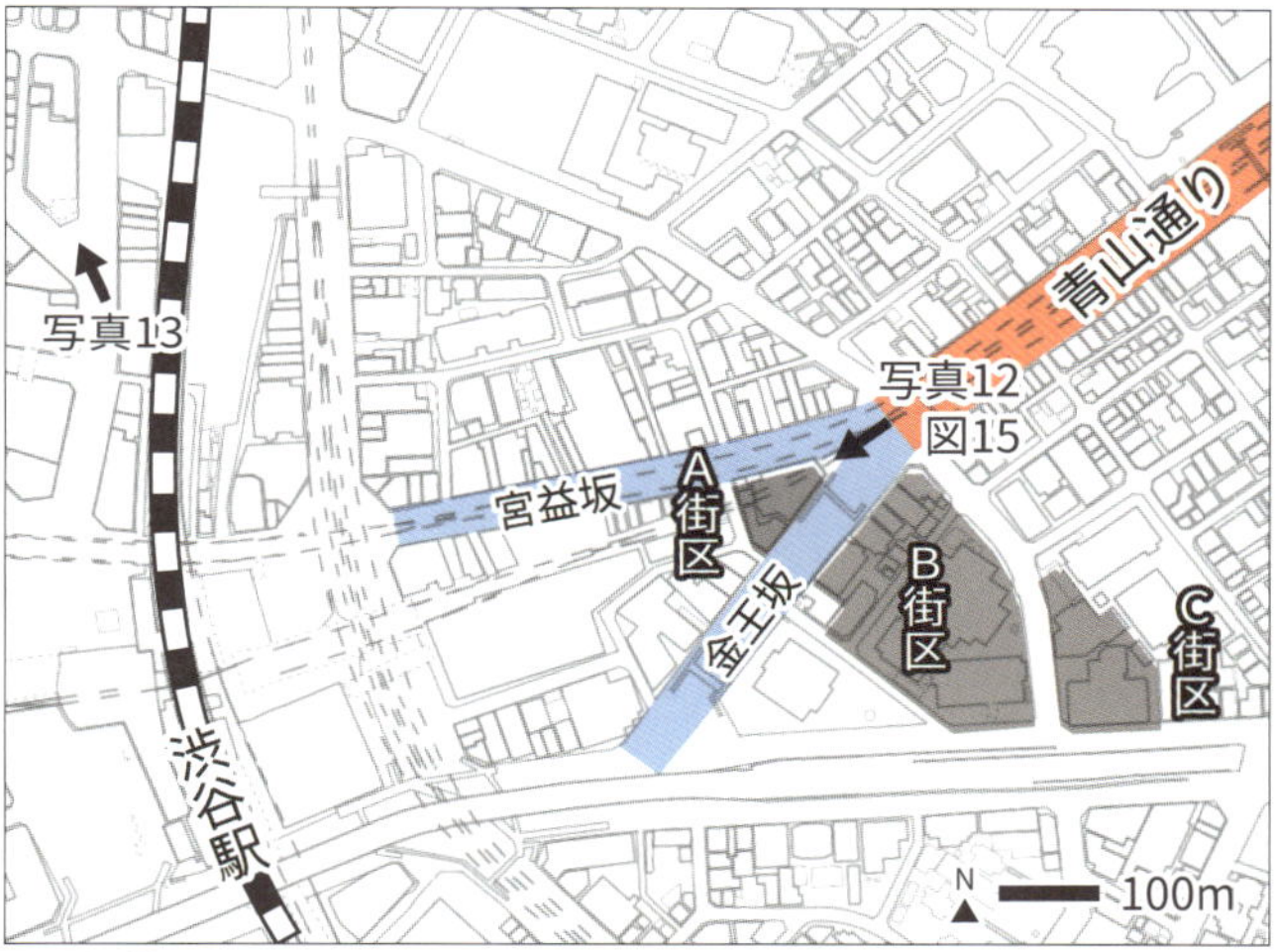

〈上〉図14：Shibuya REGENERATION Project
〈左下〉図15：A街区の外観。
〈右下〉図16：上空広場からの眺望。ともに「第19回東京都都市再生分科会配布資料」より

3 宮崎——Y字路の破壊と創造

異色の県都、宮崎

あなたの住む都道府県の県庁所在地を思い浮かべてほしい。その都市の街路網はどのようなかたちをしているだろうか。多くの都市は、いくつかのグリッドパターンの組み合わせからなっているはずだ。日本の県庁所在地のほとんどは、城下町もしくは港町である。城下町であれば、城を中心に武家地や町人地、寺町などが形成されているだろう。城下町の街路網は、たいてい直交街路によって設計されている。

港町であれば、海岸線を基準にした町割りに埠頭や税関、あるいは外国人居留地などもあるかもしれない。こちらも、やはりグリッドが街路網の基調をなしている。もちろん、城下町かつ港町という都市も多い。

この2つのどちらにも当てはまらない都市は、数えるほどしかない。まず、善光寺や興福寺といった大寺院の門前町として発達してきた長野と奈良。中山道の宿場町がルーツであるさいたま市（大宮・浦和）。これらは前近代からの歴史都市と言ってよい。

残るは、札幌と宮崎のみである。よく知られる通り、札幌は北海道開拓の拠点としてつくられた都市だ。

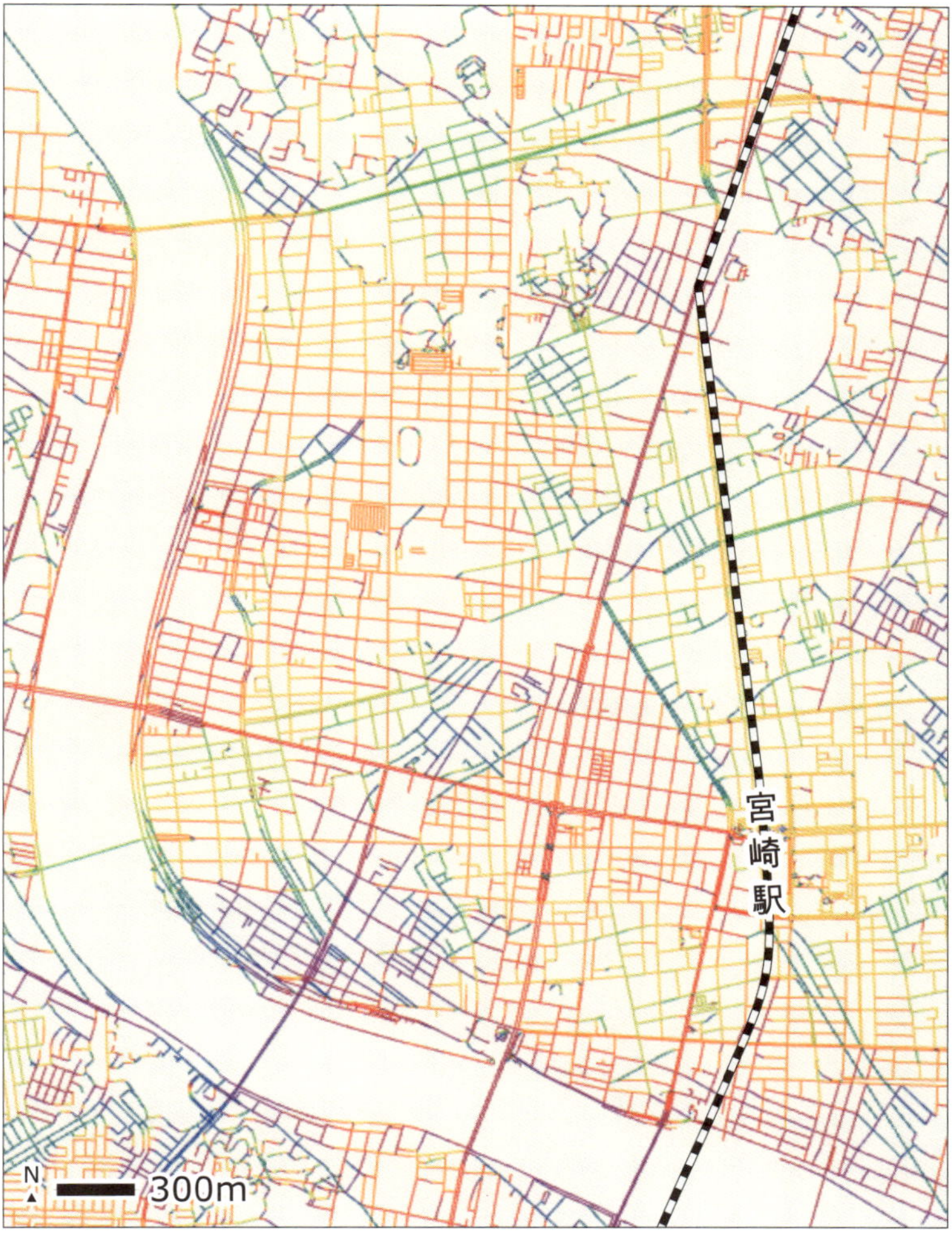

図17：宮崎。道路色分け地図（https://road.tiny-app.net/）を用いて作成

一方、宮崎は開拓地でないにもかかわらず近代に入ってから新たに建設された特殊な県庁所在地である。宮崎の特殊な点はもうひとつある。その街路形態である。地図からわかるように、全体としての統一感が薄く、街路の向きがまちまちになっている（図17）。県庁所在地の中心市街地でここまでグリッドが卓越していないのは、宮崎と長野くらいであろう。

長野の街路網がグリッドでないのは、第三章で述べたように中心市街地に暗渠が張りめぐらされているからである。では、宮崎はいかなる理由でこのような街路網になったのだろうか。地図を使いながら、その謎を解き明かしてみよう。

県庁の設置

まず、明治に入るまで一農村に過ぎなかった宮崎が、県庁所在地になった経緯を見ておきたい。以下、宮崎と言った場合は宮崎市の中心市街を指し、県全体を指す場合は宮崎県と表記する。

おおむね現宮崎県域に相当する日向国は、江戸時代には延岡藩、飫肥藩、薩摩藩などいくつもの藩領に分割されていた。明治初頭に廃藩置県が行なわれると、北部は美々津県、南部は都城県となり、大淀川が両県の県境となった（図19）。

その後、1873年に美々津県と都城県東部が合併すると、両県の境界である大淀川に近い宮崎郡上別府村に県庁が置かれることになった。そして、新しい県の名前は県庁所在地の郡名をとって「宮崎県」

となった。

このときの県庁は、すでに現県庁と同じ位置にある。発足から3年後、宮崎県は鹿児島県に編入されてしまうが、分県運動によって1883年に独立し、再び県庁が上別府村に置かれることになった。県庁が置かれた当初は、大淀川をわたる橘橋の北詰にあたる上野町が中心的な町場であった(図18)。橘橋は、1880年に地元の医師である福島邦成が私財を投じて建設した橋である。明治初期には道路の起終点を示す「里程元標」が各府県に置かれるのだが、宮崎県の里程元標は、県庁の南を通る東西路が上野町の南北路と交わる地点に建てられていた。

しかし、1888年に東九州の幹線道路として開通した国道36号は、上野町ではなくその東側を新たに造成して開かれた。それと同時に、橘橋も上野町から国道36号の位置に架け替えられた。この国道36号はのちに「橘通り」と呼ばれ、宮崎市街地を規定する南北軸となる。

一方、東西路としては県庁の南を通る道(現在の県庁楠並木通り)が一つの軸となっている。東へ行けば1874年に設置された宮崎刑務所につながり、西に行けば大淀川に沿って湾曲しながら近隣の村々をつなぐ道だ。

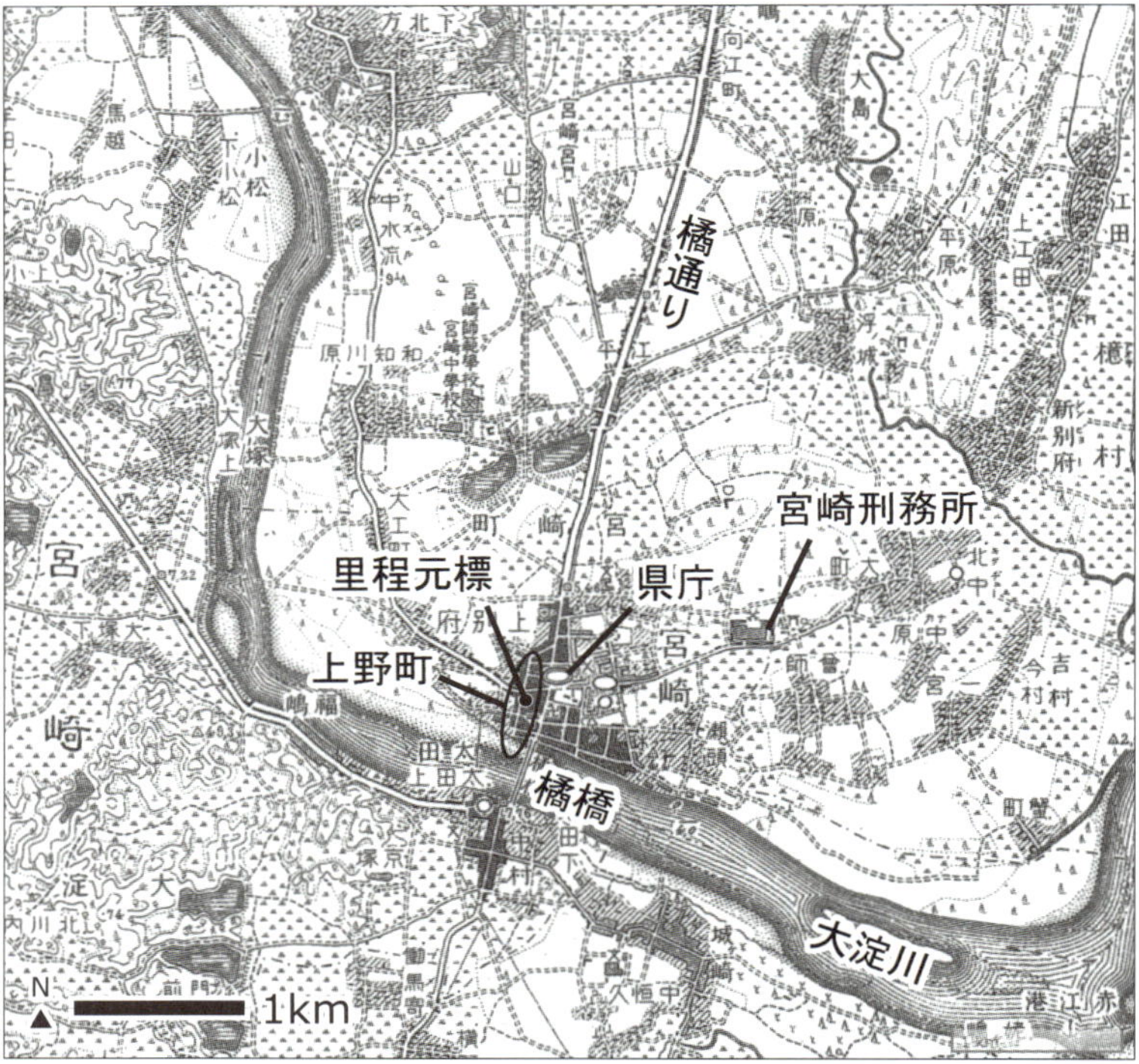

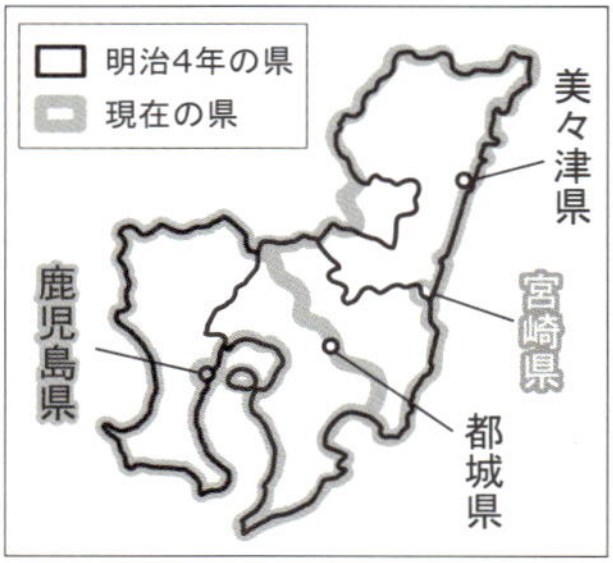

〈上〉図18：明治時代の宮崎。5万分の1地形図「宮崎」（明治35年測図、明治37年発行）の上に作図／〈左下〉図19：宮崎県の変遷／〈右下〉写真18：橘通り、宮崎県宮崎市

2つのグリッド

明治の初めに県庁が置かれたことにより、それまで一農村であった宮崎は急速に発展することになった。その過程で新たな道路がいくつも引かれることになるのだが、その向きは実にバラバラだった。

まず、1913年には宮崎駅が開業し、その駅前通りとして高千穂通りが開通する。高千穂通りは、橘通りと直交する角度で引かれている。正南北から東に20度ほど傾いた橘通りをy軸、それに直交する高千穂通りをx軸とするグリッドを、仮に「橘グリッド」と名づけてみよう（図20）。

2つの通りが交わる橘通3丁目交差点は、いわば橘グリッドの「原点」である。実際、この角地には宮崎を代表する百貨店である宮崎山形屋が店を構えている。この「原点」の北東側一帯では、橘グリッドに基づいた街路網が形成されている。

一方で、正南北あるいは正東西の街路も目立つ。宮崎駅から正東西に伸びる広島通りは、西へ行くと高松通りと名前を変える。現在は若草通りと一番街という2つのアーケード商店街があり、宮崎で最も地価の高い場所となっている。

広島－高松通りをx軸とすれば、y軸にあたるのは黒迫通りである。高松町との交差点付近は、現在では中央通りと呼ばれている。これら2つの軸によって構成されるグリッドを、「正方位グリッド」と呼ぼう。

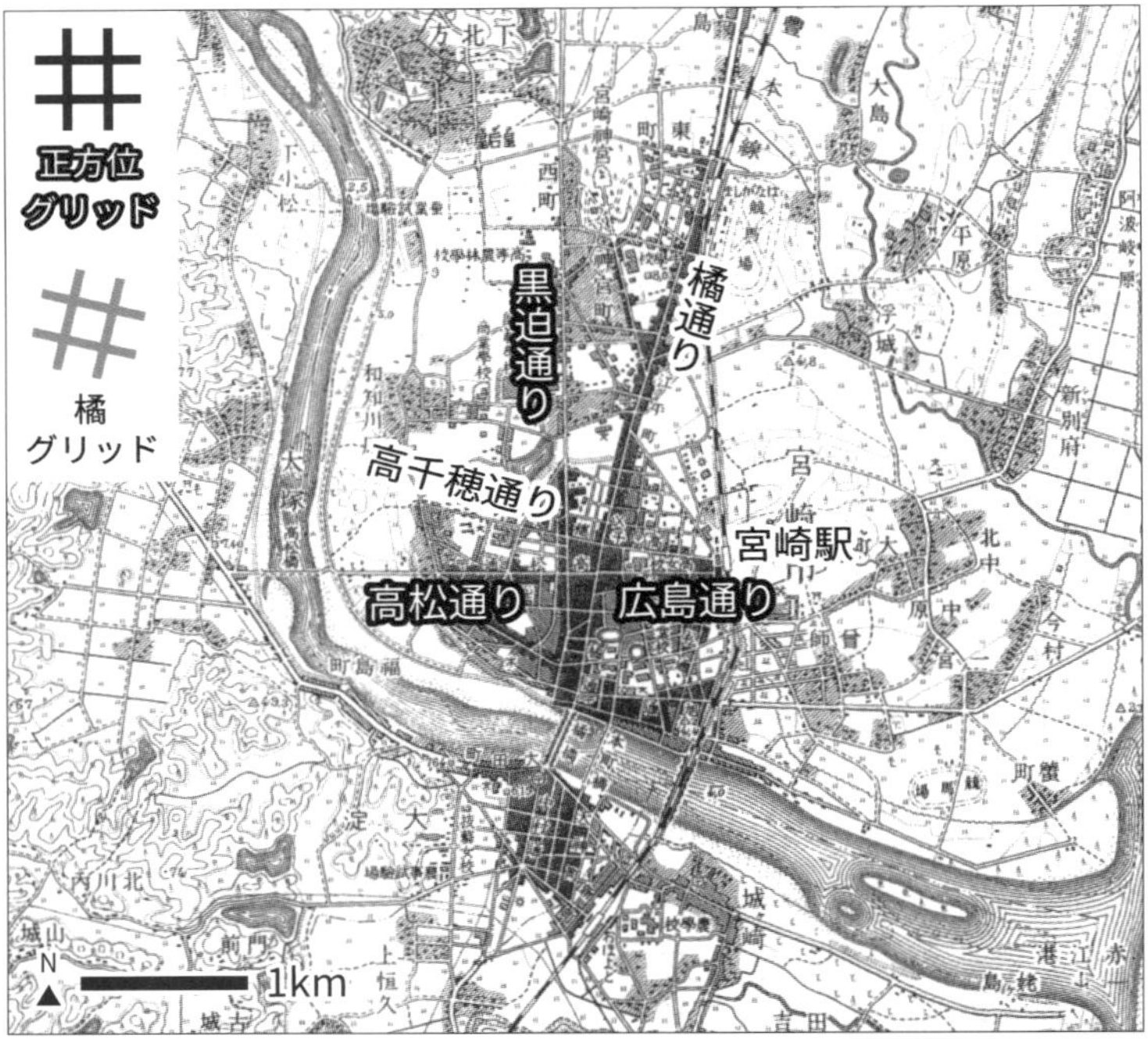

〈上〉図20：昭和初期の宮崎。5万分の1地形図「宮崎」（明治35年測図、明治37年発行）の上に作図／〈左下〉写真19：バージニアビーチ広場、宮崎県宮崎市／〈右下〉図21：バージニアビーチ広場。5万分の1地形図「宮崎」（昭和10年測図、昭和12年発行）の上に作図

宮崎市街の街路網は、橘グリッドと正方位グリッドが重ね合わさった状態と考えるとわかりやすい。写真19は、正方位グリッドに基づく中央通り（左）と、橘グリッドに基づく西橘通り（右）が交わる地点に生まれたY字路である（図21）。

西橘通りは戦後に開通した通りで、現在は宮崎最大の歓楽街「ニシタチ」の中心となっている。写真19のY字路ではもともと「青空市場」という露店が開かれていたが、２００４年に宮崎市の姉妹都市の名前を冠した「バージニアビーチ広場」として整備された。

「神都」の都市計画

昭和初期の宮崎においては、「神都計画」と呼ばれる都市計画がなされた。「神都」とは、伊勢内宮のある宇治山田（三重県）や、橿原神宮の在する畝傍町（奈良県）においても用いられた表現である。宮崎においては、市街北部にある宮崎神宮（写真20）が「神都計画」の中心となった。

宮崎神宮は、近世までは「神武天皇社」と呼ばれる小さな社に過ぎなかった。しかし、神道と天皇制を柱とする近代国家の成立以降、初代天皇を祀る社として大々的な整備がなされていく。１８９８年に行なわれた「神武天皇御降誕大祭会」はそのひとつの契機であり、境内に神苑や徴古館を整備するだけでなく、表参道と橘通りの分岐点に一の鳥居も設置された（写真21）。

宮崎神宮の表参道は、１８９７年の境内整備以前から存在する道であり、本殿から真っすぐに伸びて

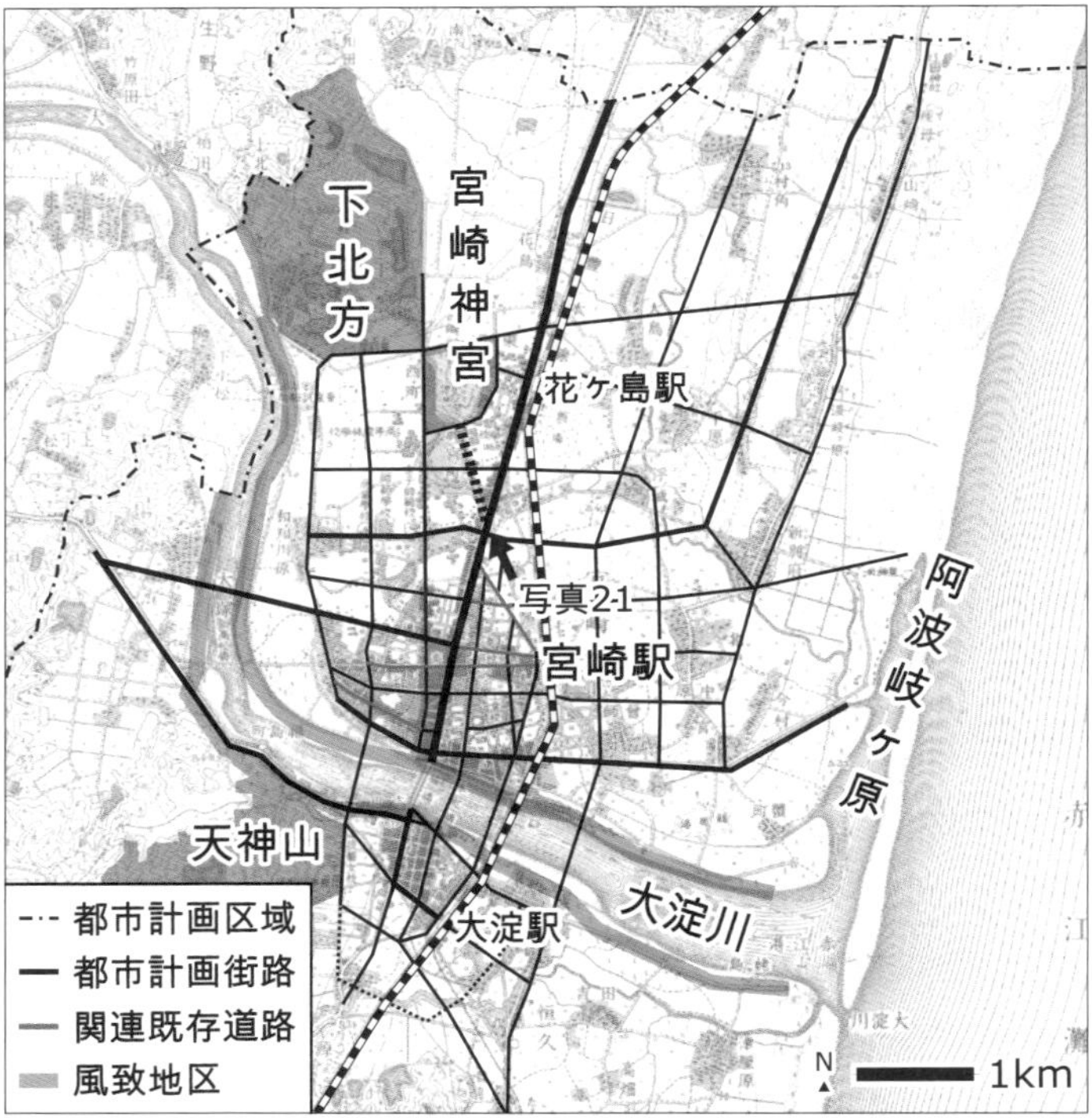

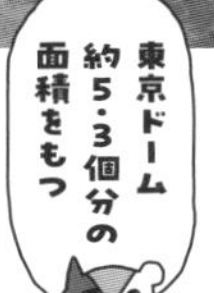

〈上〉図22：宮崎の都市計画道路。5万分の1地形図「宮崎」（昭和10年測図、昭和12年発行、戦時改描の可能性）の上に作図／〈左下〉写真20：宮崎神宮、宮崎県宮崎市／〈右下〉写真21：宮崎神宮一の鳥居、宮崎県宮崎市

いる。本殿裏には船塚古墳という前方後円墳があり、本殿および参道の向きはこの古墳に直交する。表参道が橘グリッドとも正方位グリッドとも異なる方向に伸びているのは、古墳という先行物を基準にしているからであろう。

図22は、1932年に決定された都市計画街路を示したものである。橘グリッドに沿う道路と正方位グリッドに沿う道路が混在し、全体としてはかなり崩れたグリッドになっている。橘グリッドは橘通りを基準としているが、より根源的には、大淀川および海岸線の向きに規定されている。

戦前において、皇室ゆかりの地は重要な観光資源だった。「神都計画」においては、宮崎神宮やその北西の「下北方」などいくつかの風致地区および市内に点在する観光資源を結ぶように道路計画が立てられていった。戦後の宮崎では皇国史観的な要素は薄れていくが、観光都市としての性格はより強まっていった。

広がるグリッド、消えるY字路

2つのグリッドが宮崎の街路網を規定していると述べたが、もうひとつ忘れてはいけないものがある。それは、江戸時代から存在していた道である。

図23は、宮崎市街を構成する街路を、形成・消滅年代ごとに塗り分けた地図である。県庁を一つの核として、昭和初期までに同心円的な都市拡大が起こったことが見て取れる。

この都市拡大の過程では、多くの道が消えていった。例えば、高千穂通りより北側の橘グリッドのエリアでは、農村間をつないでいた細い道がいくつも消滅している。また、断片的に一部だけが残されたような道も多い。

例えば、Aの斜めの道は、もともと橘通りから斜めに分岐していたが、一帯の開発で黒迫通りより東側は消滅してしまった。現在、写真22の地点にはMEGAドン・キホーテが建っているが、明治時代にはここもY字路だったということだ。

P.182ページの地図を見ていただければわかるように、Aの道の先には、宮崎師範学校や宮崎中学校があった。きっとこのY字路はそこへ通う生徒の通学路になっていたことだろう。

一方、開発で新しくできたY字路もある。写真23の地点一帯にはかつて江平池という大きな池があったが、都市拡大の過程で徐々に埋め立てられ、現在は小学校や住宅地などになっている。一部の道路はかつての池の傾きに沿って引かれたため、橘グリッドの道路と交わりいくつものY字路を生んでいる。写真23はそうしたY字路のひとつで、角地には江平池の記憶をとどめるかのように、「水神」と書かれた石塔が置かれている。

ここまでくれば、宮崎にY字路が多い理由が理解できるだろう。明治に県庁が置かれて以降、宮崎は急激な都市拡大を経験することになった。農村的な蛇行路の上に2つのグリッドが重ねられたために、宮崎はY字路の街になったのである。

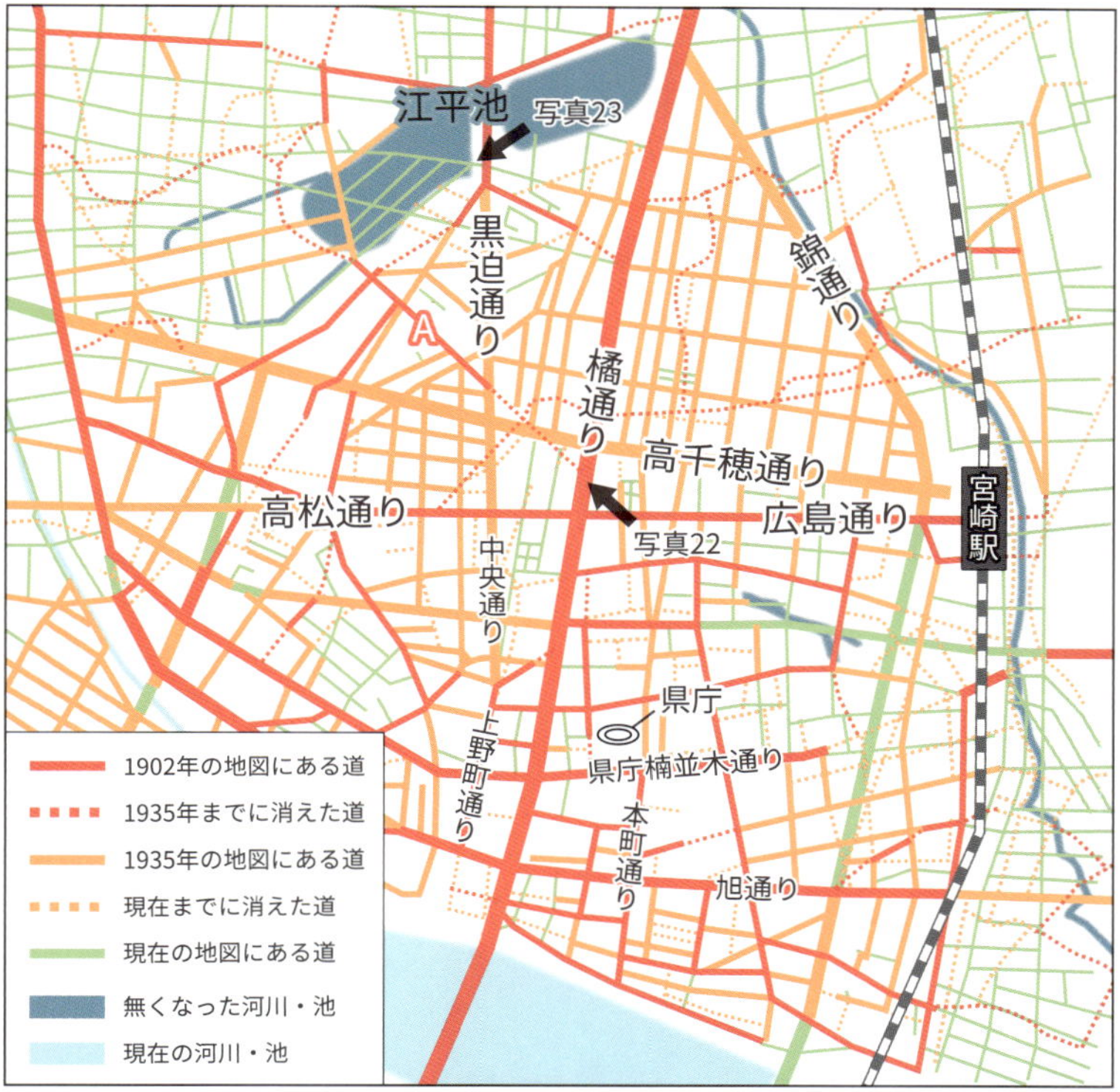

〈上〉図23：宮崎の街路形成。各年代の旧版地形図をもとに作成／〈左下〉写真22：MEGAドン・キホーテ宮崎橘通店、宮崎県宮崎市／〈右下〉写真23：江平池跡、宮崎県宮崎市

斜めの道と「未成Y字路」

街路網が複雑であることは、ときに問題も招く。橘通り沿いにある通称「江平五差路」と呼ばれる交差点は、日本損害保険協会による２０１７年の調査において、日本で最も人身事故が多い交差点になってしまった（その後対策され、現在は１位ではない）。

この交差点が五差路になっているのは、錦通りと呼ばれる斜めの幹線道路がここで橘通りに合流しているからである。錦通りは正方位グリッドでも橘グリッドでもない、特異な傾きを持っている。なぜこのような通りが生まれたのだろうか。

その理由は、大正12年の地図を見るとわかりやすい（図24）。錦通りのすぐ西側には、川が流れていたのだ。この川に沿って直線道路を引いた結果、一見不自然な斜めの道が生まれたと解釈できる。

錦通りと高千穂通りのあいだには、現在橘グリッドに基づく街区が形成されている。宮崎中心部では珍しく、グリッドパターンで統一されたエリアである（図23参照）。大正12年の地図ではまだ格子状街路は完成していないが、「未成道路」が点線で示されている。

興味深いのは、「未成道路」の傾きが現在と異なっている点である。東西路は正東西に沿って引かれ、南北路は橘通りよりもさらにやや東に傾いた角度で引かれている。すなわち、この時点ではまだこのエリアを橘グリッドで統一する計画は立てられていなかったのである。もしかすると内々にはあったかも

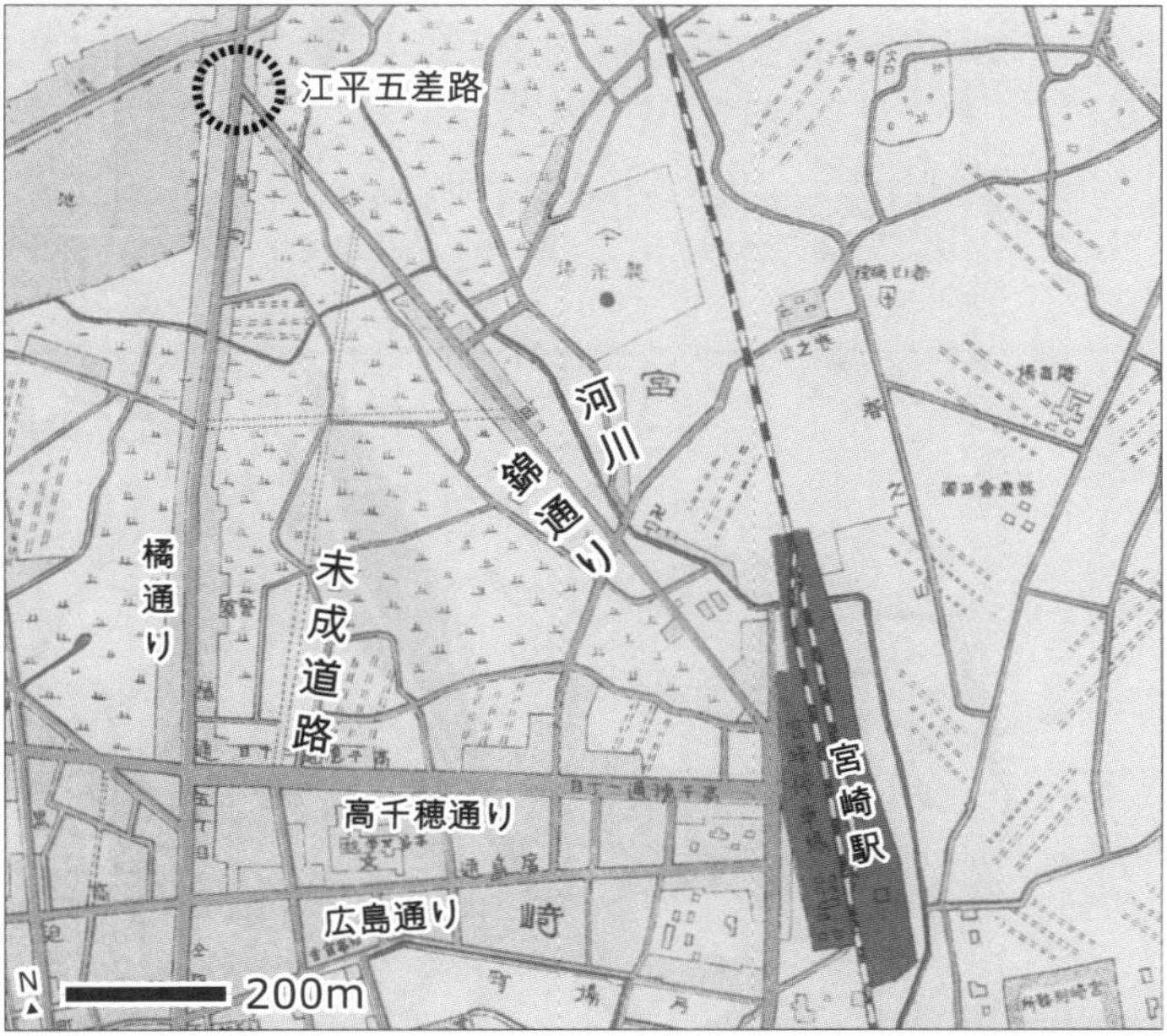

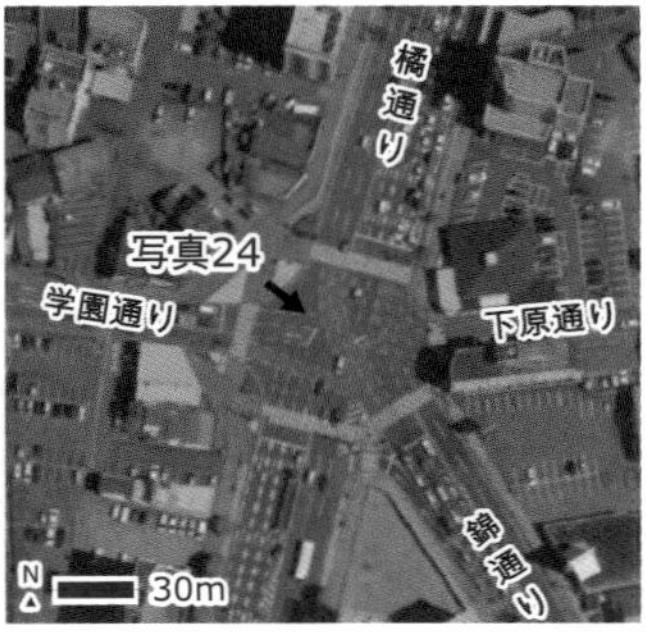

〈上〉図24：『新宮崎市街地圖』（大淵善吉画、駸々堂旅行案内部、大正12年）
〈左下〉写真24：江平池跡、宮崎県宮崎市
〈右下〉図25：江平五差路、国土地理院 空中写真

しれないが、少なくともこの地図作成者には伝わっていなかった。

さらに、「未成道路」が南北・東西ともに1本ずつしか描かれていないのも興味深い。もし既存の蛇行路を残したまま部分的に直線道路が引かれていれば、さらにY字路が生まれていたことだろう。いわば、「未成Y字路」である。結局すべてグリッドで塗りつぶされてしまったのは少し残念だが、都市計画としてはこれでよかったのかもしれない。

4　Y字路の地誌

吉田、渋谷、宮崎と、スケールも性格もバラバラな地域を解説してきた。これらの地域がY字路の多い街になった経緯は、それぞれまったく異なる。

平安京と土地区画整理事業という2つのグリッドから漏れたことでY字路の街になった吉田。スリバチ状の地形と暗渠によっていくつものY字路が生まれ、盛り場になった渋谷。農村由来の蛇行路の上に向きの異なる2つのグリッドが重ね合わせられたことでたくさんのY字路が生まれ、そして消えていった宮崎。

こうした街ごとの来歴は、個別のY字路だけを観察しても見えてこない。「Y字路はなぜ生まれるのか」

は、都市全体の変化とともに見ることではじめて理解できる。

吉田における明治時代の学生街化や、渋谷における東急と西武の争い、あるいは宮崎における「神都計画」といった出来事は、その地域を特徴づける特殊性である。そうした固有の歴史のなかで、Y字路は形成されてきた。Y字路には、都市の記憶が刻み込まれている。

Y字路は小さなランドマークである。人びとが毎日その前を行き交い、明確に意識はしないにしても、頭の片隅に印象が残るような、そんなささやかな目印である。Y字路に目を向けることは、その街の日常の記憶を呼び起こすことにつながる。

一方で、「今はないY字路」にも目を向けなければいけない。近代都市計画の歴史は、いわばY字路の抹殺史である。都市はY字路を壊しながら拡大してきた。今はなきY字路の叫びに、生まれなかったY字路の産声に、いま一度耳を傾けよう。「ここにはないY字路」こそが、都市のすぐれた語り部なのだから。

コラム⑤

川のY字路

写真は五章で紹介した吉田のすぐそばにある、通称「鴨川デルタ」と呼ばれる場所である。高野川（右）と賀茂川（左）が合流し、鴨川と名前を変えて南へ流れていく「川のY字路」だ。

ときどき誤解されるのだが、ここは三角州ではない。三角州とは、川の河口に土砂が堆積することでできる地形を指す。三角州は英語で「デルタ」というが、これはギリシア文字の「Δ（デルタ）」に由来する。鴨川デルタの「デルタ」は、あくまで三角という形を表したものにすぎない。

鴨川デルタは一種の広場であり、老若男女が思い思いの時を過ごす場所である。鴨川の飛び石は、京都の子供たちが大好きな遊び場だ。近隣に大学が多いことから、4月には新入生歓迎会が河川敷の各所で開かれている。川の「残余地」のような空間だからこそのにぎわいだ。

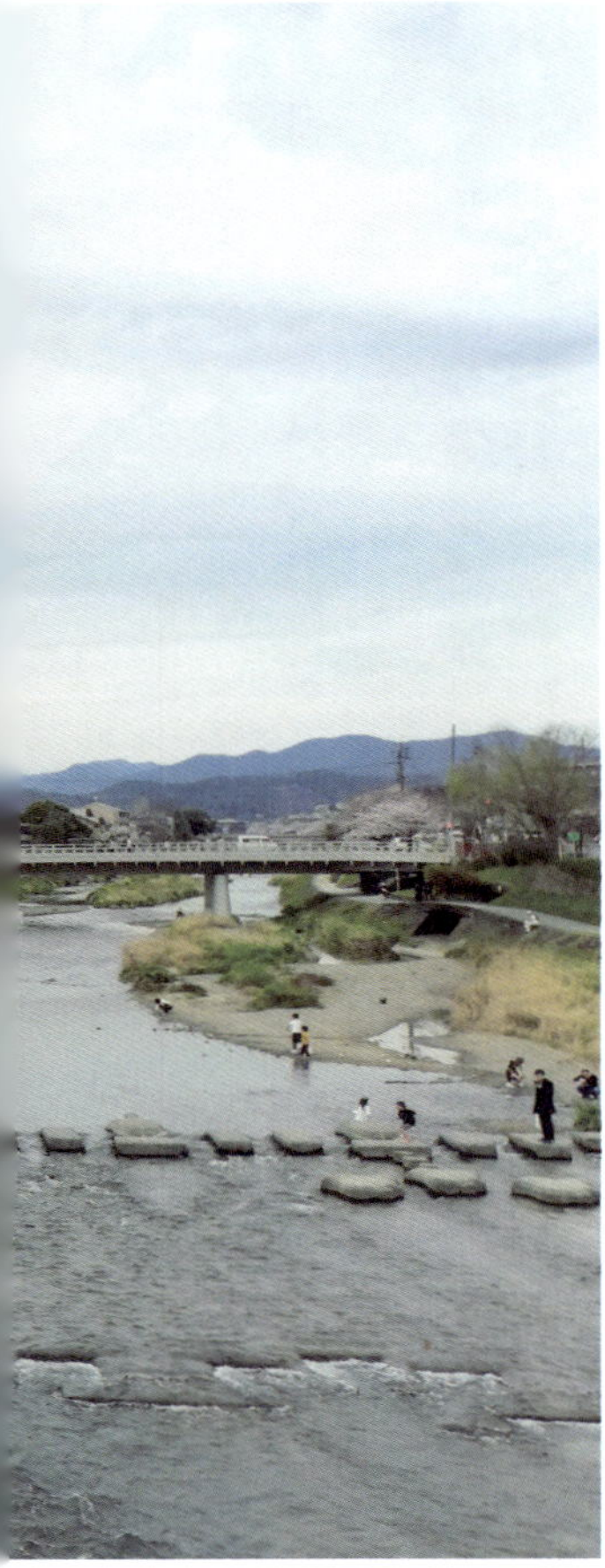

鴨川デルタ、京都市左京区・上京区

第六章　Y字路とは何か

京都市右京区 北嵯峨

Y字路は分かれ道か

本書では、路上、地図、表象という3つの目線からY字路を紹介してきた。路上からは角地の利用が、地図からは形成過程が、表象からは象徴性が、それぞれ見えてくる。Y字路は、単に鋭角な分かれ道というだけに留まらず、さまざまな姿や意味合いを持っている。

Y字路は、人生における迷いや別れのメタファーとして用いられてきた。眼前に伸びる2つの道は、否が応でも「選択」を意識させる。しかし、Y字路のおもしろさはそこだけに留まらない。

横尾忠則は言う。「Y字路はフォルムだ」と。まず、「かたち」を見てみよう。Y字路は、実に多様な姿を持っている。トガった建物もあれば、残余地にいくつものオブジェクトが集積するようなY字路もある。目立つことを目的としたものもあれば、置き場のないモノが集まるY字路もある。

こうした角の多様さは、Y字路の形成過程の多様さに由来する。街道系であればバランスの取れた形態をなしているし、逆に開発系は左右の道の対照性が際立つ。立体Y字路であれば、角地は切り詰められる傾向にある。

Y字路の多様な姿は、「分かれ道」という言葉には回収できない。「分かれ道」とは、あくまで鋭角な角に正対したときの見え方に過ぎない。地図上でのY字路はさまざまな向きをしているように、本来Y

字路には「正面」はない。一方から見れば分かれ道であっても、別の方向から見れば合流地点とも言える。路上だけではなく地図からも見ることで、Y字路の持つ意味合いは拡張される。Y字路は「分かれ道」であるだけでなく、都市の「残余」でもあり、さまざまな矛盾や軋轢を受け止める空間でもある。

鋭角であること

グリッドは、人工的な空間の極地である。直線・平行・直交という3つの条件を備えた道が組み合わさり、同じサイズの敷地がいくつもつくり出される。方形こそは、最も汎用性のあるパターンである。都市計画は、方形をつくり出すことに腐心してきた。とりわけ、東洋においてはそうである。西洋において発達した環状や放射状の都市プランは、日本ではほとんど採用されてこなかった。古代から現代に至るまで、グリッドは都市プランの基本であった。

Y字路は、グリッドが崩れるところに生まれる。四角と四角のスキマに、三角が生まれる。三角は、必ず鋭角な角を持つ。直角は90度しかあり得ないが、鋭角は0度から90度までさまざまな角度を取り得る。三角は、規格化されていない。三角は、使いづらい。

トルストイの小説『アンナ・カレーニナ』には、「幸福な家庭はどれも似たものだが、不幸な家庭はいずれもそれぞれに不幸なものである」という有名な一文がある。これをY字路に読み換えてみよう。「直角な角はどれも似たものだが、鋭角な角はいずれもそれぞれに鋭角なものである」。直角がつくられる理由はたいていの場合、直角が使いやすいからである。しかし、鋭角が生まれる理由はそれぞれ異なる。地形によるものもあれば、新しい道の開通によるものもある。

果たして、鋭角であることは不幸なのか。いや、そうではない。鋭角には、鋭角でしか生まれ得ない景観が現れる。使いづらいからこそ、目立つからこその土地利用がある。そこには、「直角ではいられなかった物語」がある。鋭角は、いずれもそれぞれに幸福なのである。

平地〝も〟おもしろい！

第一章で述べたとおり、地形に着目するまち歩きは、2000年以降に盛んになった。そのひとつの要因として、地図の変化を挙げることができる。コンピューターによる地図作成が普及したことで、地形を塗り分ける色別標高図の作成が容易になった。現在では、誰でも手軽にweb上で「凸凹地図」を閲覧・作成することができる。

地形散歩は、もうすっかりお馴染みのものとなった。台地の町と谷の町、地形に対応するように変化する町並みを見て歩くのは楽しい。坂の多い町には、たくさんの立体Y字路が現れる。

だが、Y字路が生まれる場所はそれだけではない。Y字路は平地にも生まれる。第三章で紹介した街道系、開発系、グリッド系といったY字路は、ほとんどが平地にできるものである。バリエーションで言えば、傾斜地よりもむしろ平地のほうができるY字路の種類は多い。

「平地」は、フラットで、プレーンで、自由に道を引ける空間のように思われがちだ。しかし、実際は違う。新しく道を引くにしても、すでに形成された道や建物を考慮せねばならないし、目的地に応じて道の向きが変わることもある。

「凸凹」はたしかにおもしろい。しかし、「平地」だからこそのおもしろさもあるのではないか。真っすぐにできるはずなのに、直角にできるはずなのに、グリッドにできるはずなのに、それなのになぜY字路が生まれてしまうのか。

起伏のある土地であれば、地形のせいとすぐ納得できる。しかし、「平地」にもかかわらずY字路があるということは、そこには必ず別の事情がある。Y字路という均質空間の歪みは、「平地」だからこそ際立つ。「凸凹」から「平地」へ、今一度目を向け直してみよう。

Ｙ字路はなぜ生まれるのか？

人間は、合理性を求めて都市をつくり変えてきた。グリッドパターンは、合理性の極地である。しかし、すべてをグリッドで覆うことはできない。必ずどこかに綻びが生じる。それがＹ字路である。

本来ならば非合理的であるはずのＹ字路があるということは、そこにＹ字路が生まれざるを得なかった理由があることを意味する。十字路であれば透明化されてしまうような都市の矛盾が、Ｙ字路では顕在化する。Ｙ字路という一点に、都市が凝縮されているのである。

Ｙ字路はなぜ生まれるのか。それは、地表が「ままならぬもの」だからである。地表には、変えようのない過去が堆積している。それは地形であったり、街道であったり、あるいは暗渠だったりする。地表に直線を引こうとしても、そのざらつきが線を曲げてしまう。Ｙ字路において、私たちは否応なしに「過去」を突きつけられる。すでに決まってしまった、受け入れざるを得ない過去である。

地表に刻まれた過去の痕跡は、現在を生きる私たちにとって「他者」である。ときに目ざわりで、ときに足取りを導いてくれもする、思い通りに動かせない存在である。過去という他者との出会いによって、Ｙ字路が生まれるのである。

Ｙ字路の鋭角は、私たちに問いを突きつける。なぜここにＹ字路が生まれなければならなかったのか、と。その答えは、角にはない。地図を広げて街全体を眺めることで、そしてY字路を越えてその先へ歩くことで、ようやく答えが見えてくる。さあ行こう、Y字路の先へ！

おわりに

「Y字路が好き」私はあちこちでそう言ってきました。Y字路のまち歩きツアーでも、さまざまな取材でも、いかにY字路が魅力的かを語ってきました。しかし、この本を書くなかで、胸を張ってそう言えない自分に気づきました。

Y字路は、ただの街角です。どこにでもあります。ほとんどは殺風景で、形成過程も取り立てておもしろ味のあるものではありません。この本ではできる限り「いいな」と思う風景を取り上げましたが、「これのどこがおもしろいんだ？」と思うようなY字路もあります。

でも、それでもいいと思うのです。第三章で示したようなY字路の分類図は、「おもしろくないY字路」をたくさん見なければつくることはできません。直感的には魅力的でないY字路や好きになれないY字路があるからこそ、「おもしろいY字路」のおもしろさを言語化することができるのです。

これからは「Y字路が好き」ではなく「好きなY字路がある」と言っていこうと思います。私はすべてのY字路が好きなわけではなく、人よりも好きなY字路が多いだけなのです。「Y字路」というジャンルの面白さは、個別のY字路が魅力的であるかどうかとは別に存在するのです。

いや、そんな細かなニュアンスは言っても伝わらないか。やっぱり、「Y字路が好き」と言っちゃうかもしれません。結局それが一番わかりやすいので。ただの趣味なんだから、それくらいの気軽さでやらせてください。やっていきましょう。

本書の内容は、まいまい京都／東京のY字路ツアーを企画する中で練り上げられたものです。ツアー参加者の方々にはさまざまなコメントや励ましをいただきました。また、地理学研究室の後輩にあたる福山一茂さんには、宮崎の写真を提供いただいたほか、宮崎出身者の目線でアドバイスをいただきました。図版の使用について許可をいただきました島野翔（残余氏）さん、大山顕さん、三土たつおさんには、日々SNSを通して新しいまち歩きの目線を教えていただいております。誠にありがとうございます。

本書は、京都新聞に掲載された吉田のY字路に関する記事を、編集者の方が見ていただいたことがきっかけで企画が始まりました。私のY字路ツアーを取り上げていただいた京都新聞の本田貴信さまに感謝をいたします。晶文社の出原日向子さまには、企画から各方面との調整まで大変お世話になりました。ありがとうございました。

最後に、Y字路の角々を手入れしてきた方々にも感謝を申し上げます。「好き」だとか「おもしろくない」だとか、よそ者の目線で好き勝手に言ってすみません。「なんでもない風景」も、誰かの生活の場であることを忘れないようにしたいと思います。

ここまで読んでいただき、どうもありがとうございました。いつか、どこかのY字路でお会いできるといいですね。

◉主要参考文献

【第二章】

大野秀敏「まちの表層」『見えがくれする都市』槇文彦編、鹿島出版会、1980、139-195頁。

島野翔「都市内のY字路角地に見られる土地利用と景観形態――渋谷区を事例に」『駒澤大学大学院地理学研究』第35巻、2007、53-68頁。

陣内秀信『東京の空間人類学』筑摩書房、1992。


【第三章】

伊藤毅「歴史のなかの都市グリッド」『10+1』第45巻、2006、213-224頁。

レオナルド・ベネーヴォロ『図説 都市の世界史4』佐野敬彦・林寛治訳、相模書房、1982。

【第四章】
横尾忠則『全Y字路』岩波書店、2015
吉田修一『犯罪小説集』KADOKAWA、2016
「新海誠と細田守――それぞれの〝道〟の暗喩を考察する。」(無印都市の子ども、2016年9月5日、https://shiomilp.hateblo.jp/entry/2016/09/05/204731、2024年9月22日最終閲覧)。

【第五章】

石榑督和『戦後東京と闇市――新宿・池袋・渋谷の形成過程と都市組織』鹿島出版会、2016。

上野裕「近代京都の市街地形成と土地区画整理事業」『ジオグラフィカ千里』第1号、2019、113-134頁。

武田尚子『近代東京の地政学――青山・渋谷・表参道の開発と軍用地』吉川弘文館、2019。

河島一仁「近代京都における大学の歴史地理学的研究――藩邸、公家屋敷、ならびに寺社地の転用を中心に」国土地理協会 第16回学術研究助成、2016。

田原光泰『春の小川はなぜ消えたか』之潮、2011。

中川理『京都――近代の記憶』思文閣出版、2015。

永瀬節治「昭和前期の宮崎都市計画の特色とその地域的・社会的文脈:「神都宮崎」の観光振興と近代都市形成との関わりに着目して」『都市計画論文集』第50巻第3号、2015、1204-1211頁。

西村幸夫『県都物語――47都心空間の近代をあるく』有斐閣、2018。

◉図版クレジット

写真
大竹央祐=P.2-13、20-21、34-35、90-91、122-123、144-145、196-197、三章写真1/三章:写真9=出原日向子、写真10=運転太郎, CC BY 3.0/四章:写真5=パブリックドメイン、写真13=町田忍、写真15=ITA-ATU, CC BY-SA 4.0、写真21-24=福山一茂、その他筆者撮影

図版出典
一章図3=島野翔「都市内のY字路角地に見られる土地利用と景観形態――渋谷区を事例に」『駒澤大学大学院地理学研究』第35巻(2007)/二章:図2=大野秀敏「まちの表層」『見えがくれする都市』(槇文彦編、鹿島出版会、1980)、図3=島野翔「都市内のY字路角地に見られる土地利用と景観形態――渋谷区を事例に」/三章:図5=大山顕「理想的な『Y字路』を探して」(デイリーポータルZ、https://dailyportalz.jp/kiji/160826197281、2024年9月22日最終閲覧)、図8・図9=レオナルド・ベネーヴォロ『図説 都市の世界史4』(佐野敬彦・林寛治訳、相模書房、1983)、三章図12=石榑督和『戦後東京と闇市』(鹿島出版会、2016)、四章図3・図5=ヨコオズ・サーカス、その他筆者作成

【著者について】

重永瞬（しげなが・しゅん）

京都府出身。京都大学大学院文学研究科地理学専修。まち歩き団体「まいまい京都」でツアーガイドを務める。京都大学地理学研究会第7代会長。著作に『統計から読み解く色分け日本地図』（彩図社）、「近代京都における北野神社境内の再編と都市周縁」（『歴史地理学』第65巻第2号）など。

Y字路《わいじろ》はなぜ生《う》まれるのか？

2024年10月23日　初版
2025年2月20日　4刷

著者　重永瞬
発行者　株式会社晶文社
東京都千代田区神田神保町1−11
〒101−0051
電話　03−3518−4940（代表）・4942（編集）
URL　https://www.shobunsha.co.jp
印刷・製本　中央精版印刷株式会社

ISBN978-4-7949-7445-7 Printed in Japan

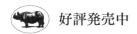